TRAUNER VERLAG
BILDUNG

Bildung, die begeistert!

Die Kochschau

EVELINE BOLTER

Kopier- und Vervielfältigungsverbot

Wir weisen darauf hin, dass gem § 42/6 UrhG kein Teil dieses Schulbuches in irgendeiner Form ohne schriftliche Genehmigung des Verlages reproduziert (kopiert) oder unter Verwendung elektronischer Systeme verarbeitet, vervielfältigt oder verbreitet werden darf.

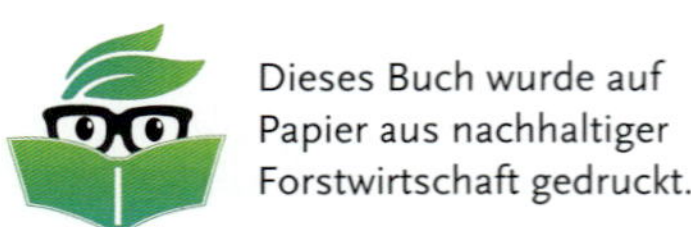

Dieses Buch wurde auf Papier aus nachhaltiger Forstwirtschaft gedruckt.

Impressum

Eveline Bolter, Die Kochschau
3. Auflage 2024
Schulbuch-Nr. 160.556
TRAUNER Verlag, Linz

Autorin
Eveline Bolter
Lehrerin am sonderpädagogischen Zentrum Region Kummenberg und an der allgemeinen Sonderschule Götzis, mittlerweile in Rente

Approbiert für den Unterrichtsgebrauch an:
Allgemeinen Sonderschulen im Unterrichtsgegenstand „Ernährung und Haushalt“, 5.–8. Schulstufe,
Bundesministerium für Bildung, Wissenschaft und Forschung, GZ 2023-0.159.616 vom 18. Jänner 2024

Liebe Schülerin, lieber Schüler,
Du bekommst dieses Schulbuch von der Republik Österreich für Deine Ausbildung. Bücher helfen nicht nur beim Lernen, sondern sind auch Freunde fürs Leben.

© 2013
TRAUNER Verlag + Buchservice GmbH
Köglstraße 14, A 4020 Linz
Alle Rechte vorbehalten.

Layout wurde vom Patentamt mustergeschützt: © Österreich 2010

Lektorat/Produktmanagement:
Claudia Höglinger, Constanze Aberer, BA
Korrektorat: Johann Schlapschi
Gestaltung und Grafik:
Elisabeth Stöttner
Titelgestaltung: Bettina Victor
Schulbuchvergütung/Bildrechte:
© Bildrecht GmbH, Wien
Gesamtherstellung:
Vorarlberger Verlagsanstalt GmbH
Schwefel 81, 6850 Dornbirn

ISBN 978-3-99151-393-3
Schulbuch-Nr. 160.556

www.trauner.at

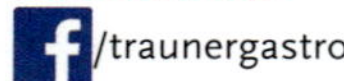

Vorwort

Dieses Kochbuch soll Lust auf Kochen machen. Die Idee dazu kam von den Schülerinnen und Schülern sowie den Lehrerinnen des sozialpädagogischen Zentrums Götzis. Das Projekt startete im Schuljahr 2009/2010 mit der Berufsvorbereitungsklasse. Im Schuljahr 2010/2011 erprobten die Schüler/innen der Förderklassen und der Berufsvorbereitungsklasse bereits die Rezepte.

Durch die Bebilderung ist es auch ohne Vorkenntnisse möglich, Speisen zuzubereiten. Dieses Kochbuch eignet sich also besonders für Kinder und Erwachsene, die lieber schauen als lesen.

Unser Ziel war es, eine Auswahl einfacher Hausmannskost aus der Region vorzulegen und diese mit besonders beliebten Speisen aus fernen Ländern zu ergänzen. Kreative Köpfe können die Zutaten selbstverständlich abändern und eigene Variationen erfinden. Die Rezepte sind, je nach Alter der Schülerinnen und Schüler, für vier bis sechs Personen berechnet.

Nun wünsche ich euch, liebe Köchinnen und Köche, dass euch die Speisen gut und einfach gelingen mögen! In diesem Sinne – viel Spaß und guten Appetit!

Evi Bolter

Inhaltsverzeichnis

Grundlagen

„Die Übung macht den Meister!"
Dieser weise Spruch trifft auch auf das Kochen zu.

Wer kochen kann, ist klar im Vorteil! Du fragst dich warum? Ist doch ganz klar:

- Erstens kannst du etwas kochen, was dir schmeckt.
- Zweitens bist du von niemandem abhängig.
- Drittens sind Fertiggerichte oder das ständige Essen in einem Lokal ziemlich teuer.

Kochen ist leicht – wenn man mit einfachen Rezepten anfängt. Nebenbei macht es Spaß, gemeinsam (mit der Familie oder mit Freunden) zu kochen und anschließend zusammen zu essen.

Im folgenden Kapitel lernst du wichtige Küchengeräte kennen, mit denen das Kochen gleich viel leichter geht. Du erfährst aber auch, wie man Gemüse und Obst vorbereitet, worauf man in der Küche achten muss und wie man einen Tisch richtig deckt.

Einem Erfolg steht also nichts mehr im Weg. Viel Spaß beim Kochen!

Alle Rezepte sind, je nach Alter der Schülerinnen und Schüler, für vier bis sechs Personen berechnet.

1 Welche Nährstoffe braucht mein Körper?

So wie ein Auto Treibstoff braucht, um zu fahren, benötigt auch unser Körper Energie, um einwandfrei zu funktionieren.

„Der Mensch ist, was er isst." Was könnte mit diesem Ausspruch gemeint sein? Diskutiere in der Klasse.

Welche Nährstoffe braucht mein Körper?

Baustoffe: Sie bauen deine Körperzellen auf.

Wasser

Eiweiß (Protein)

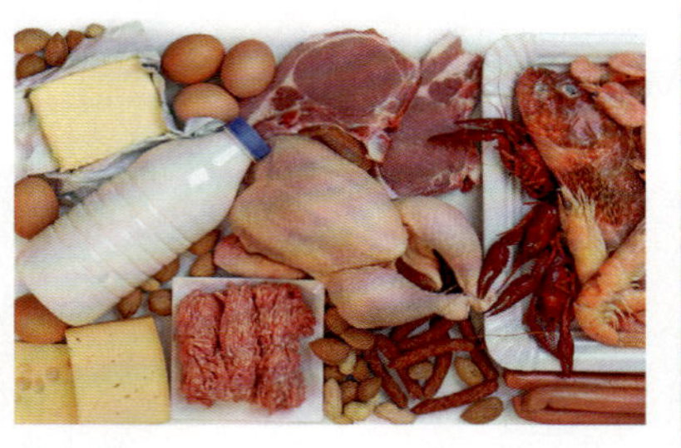

Wie z. B. Fleisch, Fisch, Käse, Eier, Nüsse und Bohnen

Mineralstoffe

Wie z. B. Mineralwasser, Milch, Milchprodukte und Gemüse

Brennstoffe: Sie sorgen für Wärme und Kraft.

Kohlenhydrate

Wie z. B. in Form von Getreide, Kartoffeln und Nudeln

Kohlenhydrate

Wie z. B. Honig, Kristallzucker, Fruchtzucker

Fette

Wie z. B. Öle und Butter

Wirkstoffe: Sie helfen, dass dein Körper funktioniert und gesund bleibt.

Vitamine

Wie z. B. in Obst und Gemüse

Vitamine

Wie z. B. in Vollkorn, Fleisch, Fisch, Milch

Mineralstoffe

Wie z. B. in Vollkornbrot, Fleisch, Nüssen, Hülsenfrüchten und Fisch

2 Viel oder wenig?

Kohlenhydrate, Fette, Eiweiß – das alles braucht dein Körper. Aber wie viel von allem ist die Frage. Du darfst alle Lebensmittel genießen – nur das richtige Maß ist entscheidend!

Achte darauf, woher die Lebensmittel kommen:

- Kommen sie aus der Region, schonst du die Umwelt.
- Stammen sie aus biologischem Anbau und natürlicher Tierhaltung – ist dies ein Glück für die Tiere, für die Äcker und deine Gesundheit.

Die österreichische Ernährungspyramide

Die Ernährungspyramide zeigt, wie viel wir im Verhältnis von jeder Nahrungsgruppe essen sollen.

Je mehr Kästchen, desto häufiger solltest du das Lebensmittel essen. So sind z. B. Obst und Gemüse gleich fünfmal dargestellt – täglich drei Portionen Gemüse und zwei Portionen Obst wären perfekt.

Süßigkeiten sind hingegen nur mit einem Kästchen vertreten. Was das wohl bedeutet?

3 Unsere Lebensmittel

Was sind eigentlich Lebensmittel? Es sind Mittel, die dein Leben ermöglichen. Ohne Lebensmittel kein Leben!

Wasser

Wasser regelt alle Funktionen des Organismus. Nur mit genügend Wasser funktionieren deine Verdauung, dein Herzkreislauf, der Aufbau deiner Körperzellen und vieles mehr. Versorge dich daher jeden Tag mit genügend Flüssigkeit. Denn ohne Wasser läuft gar nichts.

Wie du deinen Flüssigkeitsbedarf am besten abdeckst

Trinke täglich ein bis zwei Liter Wasser oder Tee.
Auch verdünnte Fruchtsäfte, Suppe sowie Obst und Gemüse spenden dir Wasser.

Gemüse

Gemüse ist besonders reich an Vitaminen, Mineralstoffen, Ballaststoffen und Wasser. Du kannst ungeniert zugreifen, besonders wenn du es schonend zubereitest.

Kartoffeln (Erdäpfel) | Karotten | Kohlrabi | Erbsen

Brokkoli | Fisolen (Grüne Bohnen) | Tomaten | Paprika

Zucchini | Gurken | Lauch | Zwiebeln

Karfiol (Blumenkohl) | Kohlsprossen (Rosenkohl) | Blattsalat | Kraut

Obst

Obst ist ebenso reich an Vitaminen und Mineralstoffen wie Gemüse und schmeckt meistens auch noch süß.

Äpfel

Birnen

Pflaumen

Marillen

Erdbeeren

Johannisbeeren, Himbeeren

Heidelbeeren, Brombeeren

Pfirsiche

Bananen

Ananas

Trauben

Nüsse

Orangen

Mandarinen

Zitronen

Woher kommt eigentlich das Obst, das du isst? Wie sieht die Arbeit der Bauern aus? Werden sie fair dafür bezahlt? Was bedeutet für dich fair?

Kräuter

Sie dienen zum Würzen der Speisen. Verwende sie am besten frisch aus dem Garten oder aus dem Topf.

Petersilie

Schnittlauch

Majoran

Dill

Basilikum

Rosmarin

Thymian

Oregano

Getreide

Es enthält viele Kohlenhydrate und gibt uns Kraft und Wärme. Vollkornprodukte enthalten außerdem Eiweiß und Ballaststoffe, die unsere Verdauung in Schwung bringen.

Weizen Dinkel Roggen Gerste

Hafer Mais (Kukuruz) Reis

Aus Getreide werden unterschiedliche Produkte gemacht, wie z. B. Grieß, Mehl, Flocken und in weiterer Folge Brot, Gebäck und Nudeln.

Fleisch, Fisch und Eier

Fleisch, Fisch und Eier sind unsere Eiweiß-Lieferanten. Eiweiß braucht unser Körper zum Aufbau aller Muskeln, Knochen sowie für Haut und Haare. Aber Vorsicht: Zu viel Fleisch ist ungesund und teuer!

Hülsenfrüchte

Hülsenfrüchte sind besonders für Vegetarier wichtig, weil sie viel Eiweiß enthalten. Und Eiweiß ist lebensnotwendig!

Bohnen Kichererbsen Linsen Erdnüsse

Milch

Milch enthält alle Nährstoffe, die der Mensch braucht:
Wasser, Eiweiß, Kohlenhydrate, Fett, Vitamine und Mineralstoffe.

Aus Milch werden Joghurt, Topfen, Butter, Frischkäse, Weichkäse, Hartkäse, Rahm, Obers und Crème fraîche gemacht.

4 Messer und andere Küchenwerkzeuge

„Jedes Ding an seinem Ort, erspart dir Zeit und böses Wort."

Küchenmesser

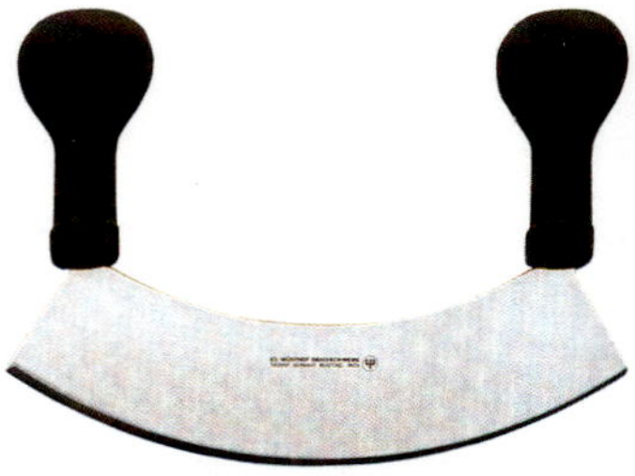

Brotmesser

Wiegemesser

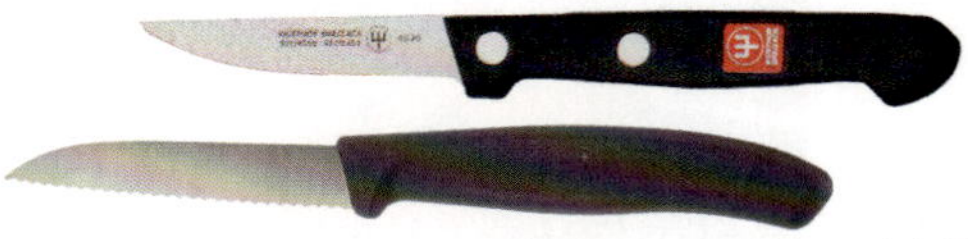

Gemüsemesser mit und ohne Wellenschliff

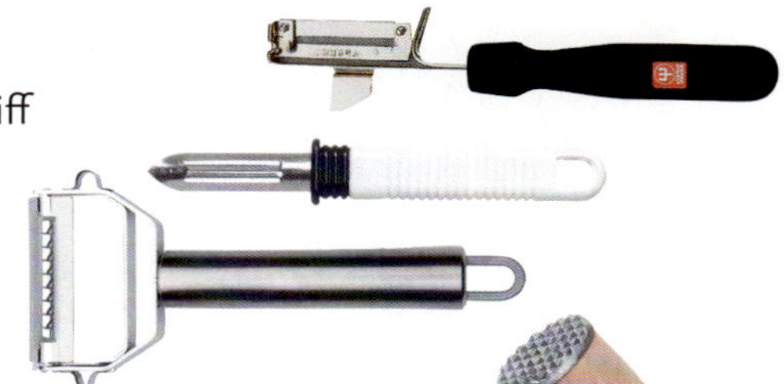

Schneebesen

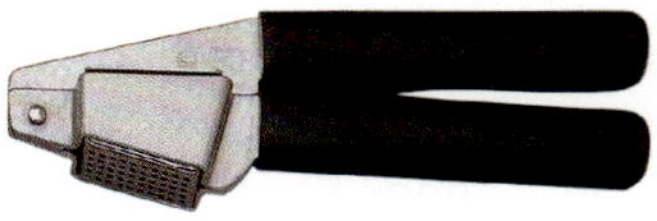

Knoblauchpresse

Sparschäler

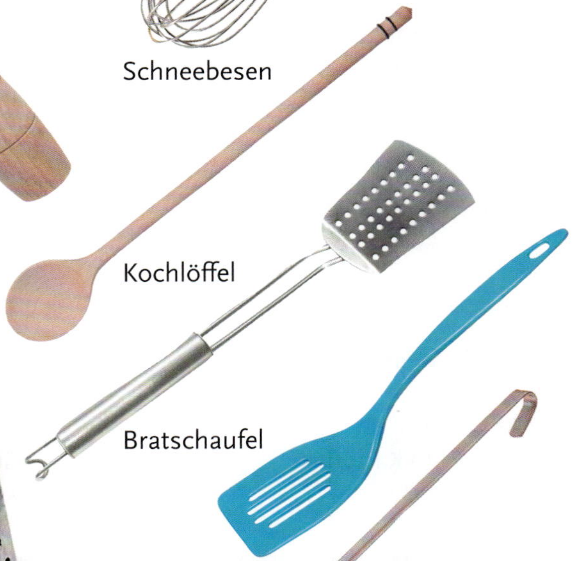

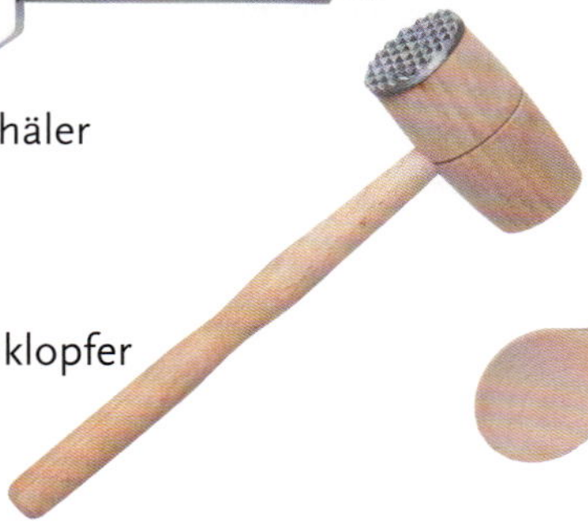

Palette

Fleischklopfer

Kochlöffel

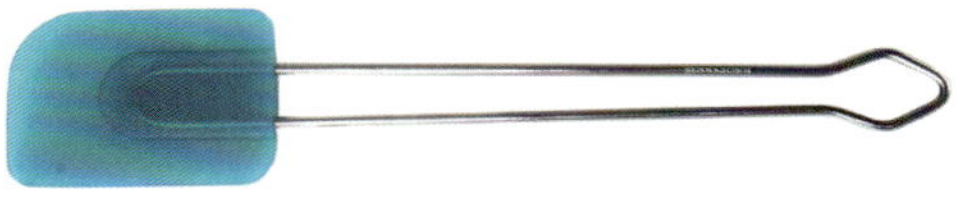

Teigspachtel

Bratschaufel

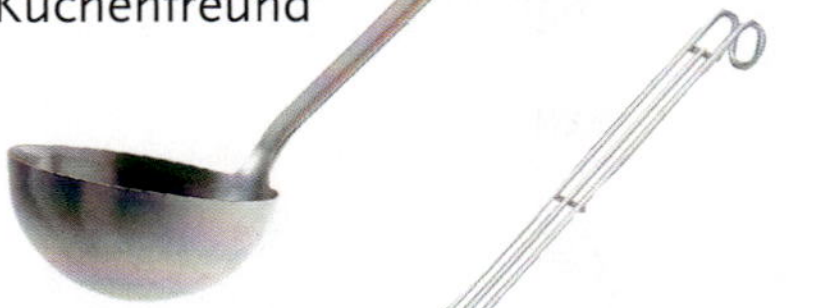

Küchenfreund

Reibe

Siebschüssel

Schöpflöffel

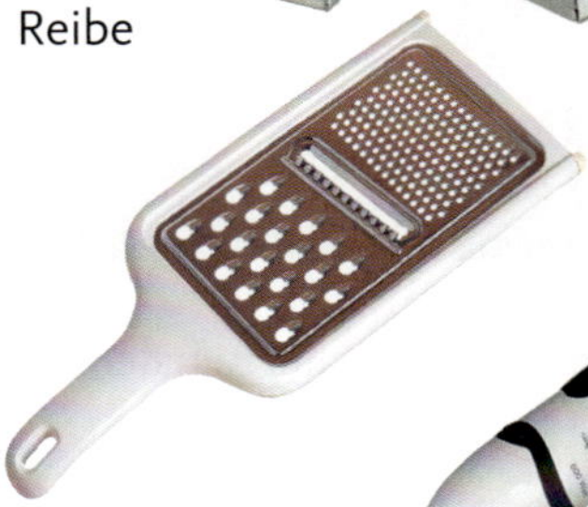

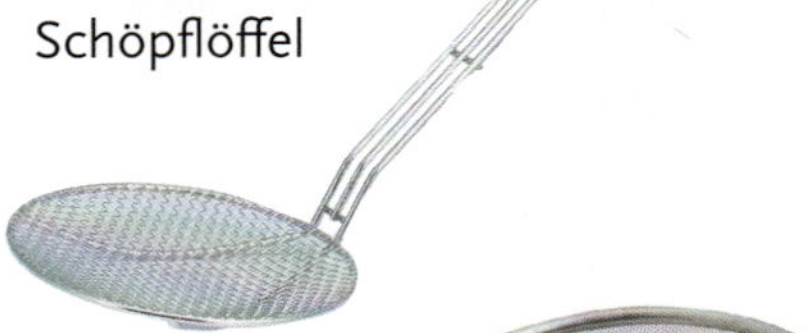

Siebschöpfer

Hobel

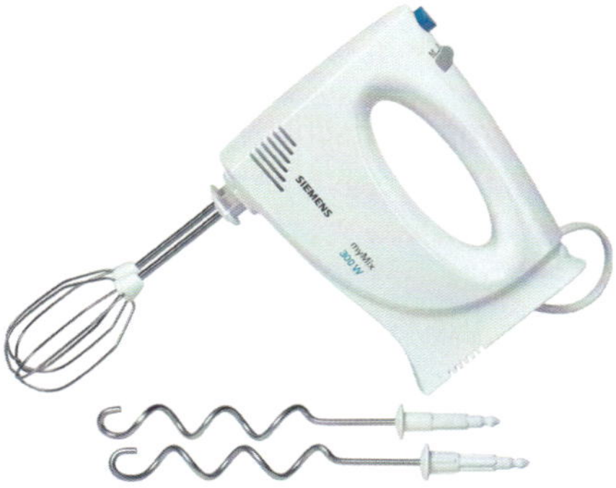

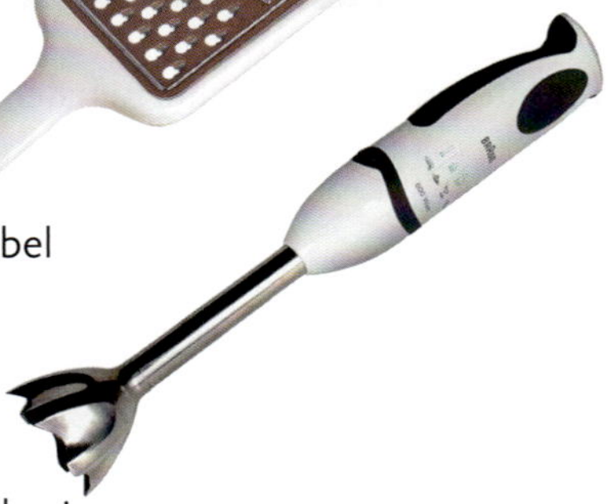

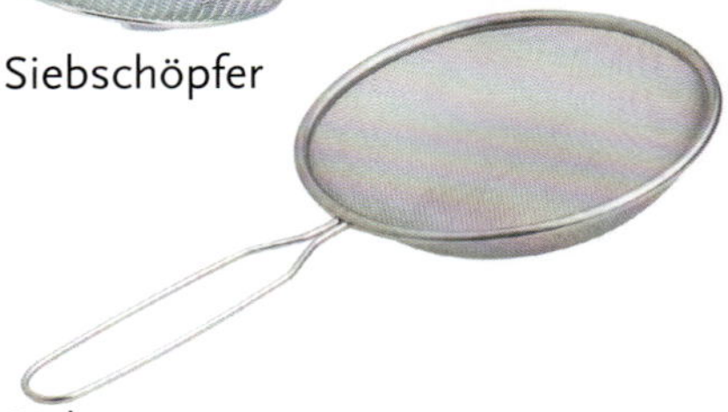

Handmixer

Stabmixer

Sieb

5 Wie schäle und schneide ich richtig?

Bevor Speisen zubereitet werden können, müssen manche Zutaten zuerst einmal gereinigt, geschnitten, kurz gesagt, vorbereitet werden.

Zuerst einmal ab unter die Dusche!

Obst und Gemüse müssen vor dem Bearbeiten immer zuerst gewaschen werden (Ausnahmen sind Zwiebeln und Knoblauch).

Kartoffeln müssen erst von der anhaftenden Erde befreit werden.

Lauch wird vor dem Waschen längs durchgeschnitten.

Auch wenn Obst noch so schön glänzt, muss es vorher gewaschen werden. Der Grund? Es können Spritzmittel-Rückstände darauf sein. Und die willst du doch nicht essen, oder?

Gemüse schälen wie ein Profi

Mit dem Messer schält man:

- Zwiebeln
- Kohlrabi
- Gekochte Kartoffeln

Mit dem Sparschäler schält man:

- Rohe Kartoffeln
- Karotten
- Gurken
- Äpfel

Kohlrabi mit Gemüsemesser schälen

Karotten mit Sparschäler schälen

Gurke mit Sparschäler schälen

Gemüse schneiden wie ein Profi

Schneiden von Obst und Gemüse im Überblick:

- **Stiftelig,** z. B. Karotten
- **Würfelig,** z. B. Kartoffeln, Karotten, Zwiebeln
- **Blättrig oder in dünne Scheiben,** z. B. Kartoffeln, Zucchini, Bananen
- **Spalten,** z. B. Äpfel, Tomaten, Eier
- **Klein gehackt,** z. B. Petersilie, Schnittlauch und andere Kräuter

Stifte

Würfel

Scheiben

Spalten

Gurken-Scheiben, fein gehobelt

Scheiben

Kräuter fein schneiden

Kräuter kann man auch sehr gut mit dem Wiegemesser schneiden.

Zwiebeln schneiden ist eine Kunst!

Zwiebeln würfelig schneiden

Schneide zuerst die Spitze der Zwiebel ab.

Dann schäle die ganze Zwiebel.

Schneide die Zwiebel längs in zwei Hälften.

Lege eine Hälfte mit der Schnittfläche auf das Brett und schneide sie längs ein.

Dann schneide die Zwiebelhälfte quer dazu dünn auf.

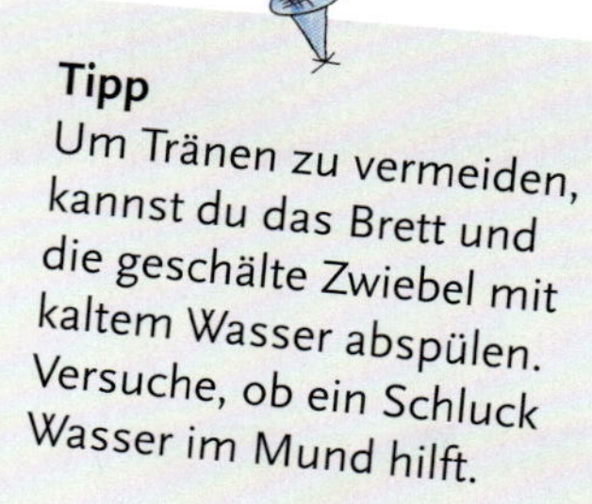

Tipp
Um Tränen zu vermeiden, kannst du das Brett und die geschälte Zwiebel mit kaltem Wasser abspülen. Versuche, ob ein Schluck Wasser im Mund hilft.

Halbe Zwiebelringe schneiden

Schneide die Zwiebel längs in zwei Hälften.

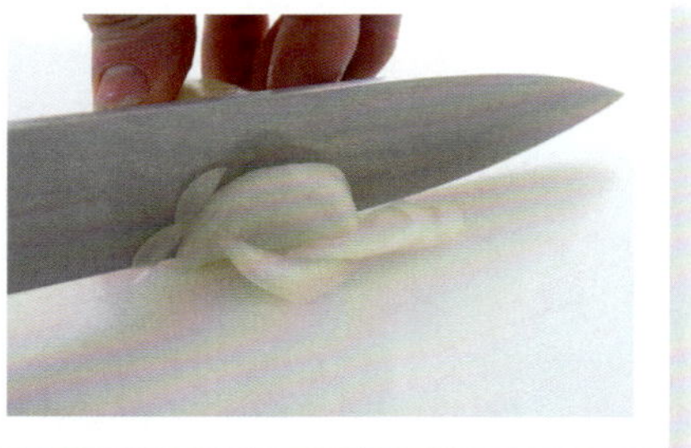

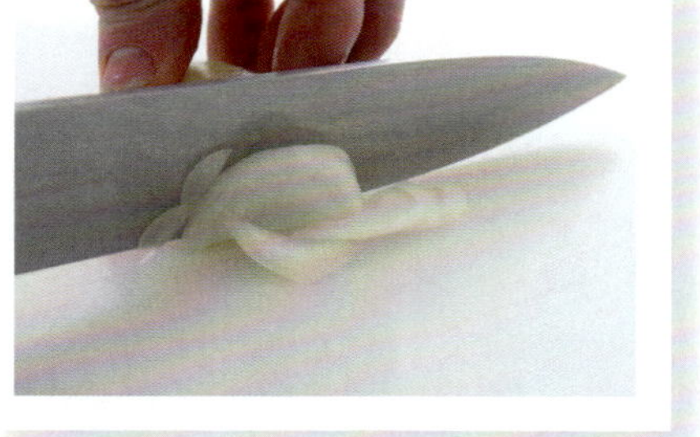

Lege eine Hälfte mit der Schnittfläche auf das Brett und schneide sie längs ein.

Ganze Zwiebelringe schneiden

Schneide die Zwiebel in dünne Scheiben.

Tipp
Auch mit dem Hobel lassen sich Zwiebelringe gut schneiden.

6 Wie arbeite ich sauber und hygienisch?

Unzählige Male berühren wir jeden Tag Gegenstände, die schon andere vor uns angefasst haben, wie z. B. Türklinken oder Haltegriffe in Bus und Straßenbahn ... Hast du schon mal daran gedacht, dass nicht jeder seine Hände nach dem Gang auf die Toilette gewaschen hat und somit Bakterien & Co freie Bahn haben?

Gepflegt – sauber – hygienisch – ordentlich

Eine saubere Schürze anziehen.

Lange Haare zusammenbinden.

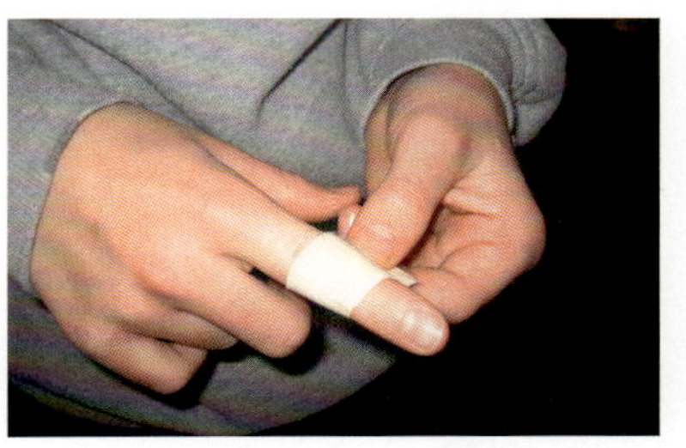

Wunden mit Pflaster versorgen.

Hände waschen: vor dem Kochen,

nach dem Naseputzen,

nach dem WC-Besuch.

Lebensmittel, wie Obst und Gemüse, vor dem Verbrauch waschen.

Arbeitsflächen sauber halten.

Boden sauber halten. Verschüttete Flüssigkeit gleich aufwischen (Rutschgefahr!)

Müll richtig entsorgen.

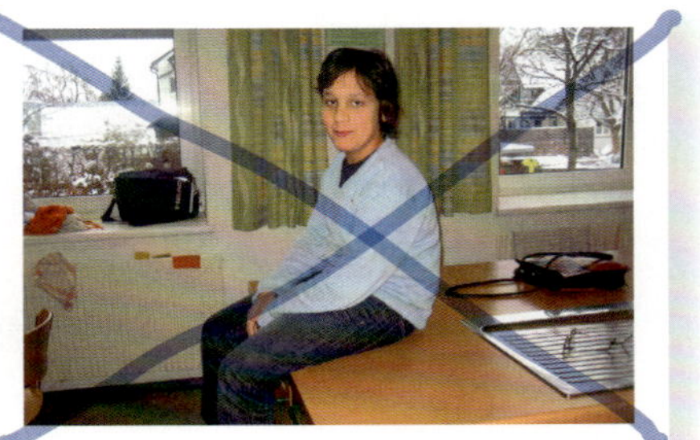

Nicht auf Tischen oder Arbeitsflächen sitzen!

Geschirrtücher und Küchengeräte sind kein Spielzeug!

7 Wie viel brauche ich?

In jedem Kochbuch gibt es Abkürzungen. Damit du die Rezepte verstehen kannst, musst du wissen, was diese Abkürzungen bedeuten.

Maßeinheiten

1 Teelöffel = 1 TL

1 Esslöffel = 1 EL

1 EL Mehl = 30 g Mehl

1 Messerspitze = 1 Msp.

1 Prise

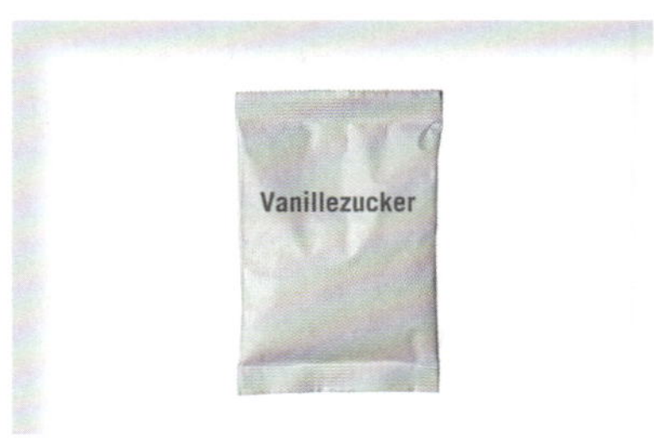

1 Packung = 1 Pkg.

- Gramm = g
- Dekagramm = dag
- Kilogramm = kg

- Ein Liter = 1 l
- Ein halber Liter = 1/2 l
- Ein Viertelliter = 1/4 l

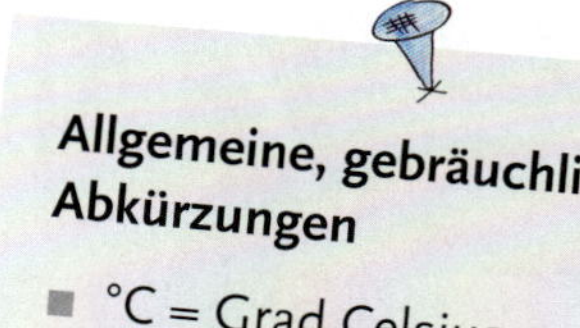

Allgemeine, gebräuchliche Abkürzungen

- °C = Grad Celsius
- min = Minuten
- ca. = zirka, bedeutet ungefähr
- evtl. = eventuell, vielleicht
- z. B. = zum Beispiel

8 Was ist was? – Küchenbegriffe auf einen Blick

Wenn du schon einmal in einem Kochbuch geblättert hast, ist dir sicher schon das eine oder andere Wort untergekommen, das du nicht verstanden hast. Zum besseren Verständnis findest du hier verschiedene Küchenbegriffe und ihre Erklärungen.

Kochen

Wasser kochen lassen, bis es sprudelt.

Lebensmittel darin weich kochen.

Rösten und Braten

Im heißen Fett anbraten.

Zum Beispiel Zwiebeln, Gemüse, Fleisch und Eier.

Dünsten

Kleine Hitze, Deckel auf den Topf, wenig Flüssigkeit zugeben.

Bei kleiner Hitze köcheln lassen, wie zum Beispiel Gemüse oder Geschnetzeltes.

Stauben

1 EL Mehl über das Röstgut streuen und kurz anrösten.

Mit wenig Wasser aufgießen und umrühren. So wird das Ganze etwas cremiger.

Backen

Im heißen Fett schwimmend herausbacken, zum Beispiel ein Schnitzel.

Oder: im Backrohr backen, zum Beispiel einen Kuchen.

Abschmecken

Eine Speise kosten und nach Geschmack würzen. Dazu wird z. B. etwas Soße auf den Kochlöffel gegeben und von diesem ein wenig auf einen Kostlöffel geleert.

Zum Beispiel mit Salz, Pfeffer und Kräutern.

Garnieren

Eine Speise verzieren.

Sieht doch gleich hübscher aus!

Anrichten

Speisen schön auf einen Teller legen.

Und genießen!

9 Wie decke ich einen Tisch?

Ein schön gedeckter Tisch kann mit wenigen Handgriffen entstehen. Dazu muss nur das Besteck ordentlich aufgedeckt sein und eine hübsche Serviette danebenliegen.

Was ist zu tun?

Hauptspeise mit Beilagen und Salat

- Stelle den Teller fingerbreit vom Tischrand.
- Lege eine Serviette links neben den Teller.
- Lege das Messer rechts neben den Teller,
- die Gabel links davon.
- Stelle das Glas rechts über das Messer
- und die Salatschüssel (oder den Salatteller links über die Gabel.

Suppe
Hauptspeise mit Beilagen und Salat
Nachspeise

- Stelle den Suppenteller auf den flachen Teller.
- Der Suppenlöffel liegt rechts neben dem Messer.
- Das Besteck für die Nachspeise liegt oberhalb des Tellers:
  - ein kleiner Löffel
  - eine Kuchengabel

Frühstück

- Stelle den Dessertteller fingerbreit vom Tischrand.
- Lege eine Serviette rechts neben den Teller.
- Lege das Messer (großes Messer oder Dessertmesser) rechts neben den Teller auf die Serviette.
- Stelle die Untertasse und Tasse oberhalb des Messers, der Tassengriff weist nach rechts.
- Lege den Kaffeelöffel auf die Untertasse mit dem Griff nach rechts.

Mahlzeiten

10 Wie benehme ich mich bei Tisch?

Ob bei einem Essen im Freundeskreis oder bei einem Besuch in einem Gasthaus – gutes Benehmen macht gehörig Eindruck. Nebenbei zeigst du damit auch, dass dir deine Mitmenschen wichtig sind.

Pünktlich und gepflegt zum Essen kommen.

Aufrecht und gerade sitzen. Beine nicht überkreuzen!

Nicht schaukeln!

Beide Hände bis zum Handgelenk auf den Tisch legen.

Zum Schöpfen und Vorlegen das Vorlegebesteck benutzen.

Erst mit dem Essen beginnen, wenn alle angerichtet haben.

Das Besteck richtig benutzen, also Gabel in der linken und Messer in der rechten Hand.

Mit geschlossenem Mund kauen und geräuschlos essen.

Die Serviette benutzen.

Bei Tisch nur angenehme Unterhaltungen führen.

Messer und Gabel nebeneinander auf dem Teller liegend bedeuten, dass man das Essen beendet hat.

Was auf den Teller genommen wird, soll auch gegessen werden. Also überlege vorher, wie hungrig du bist. Nachschlagen kann man immer noch ...

Salate

Marinaden

Salate

Salatmarinade

Zutaten

Je nach Säure 2–4 EL Essig

3 EL Öl

4 EL Wasser

Salz und Pfeffer

Kräutersalz

Zubereitung

Alle Zutaten verrühren, über den Salat leeren und vermischen.

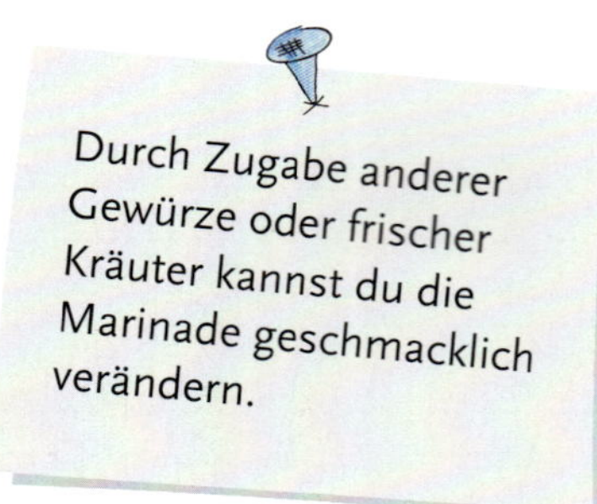

Salatmarinade mit Sauerrahm

Zutaten

4 EL Sauerrahm

Saft einer Zitrone oder 3 EL Essig

1 TL Salz

Etwas Pfeffer

3 EL Olivenöl

Evtl. etwas Wasser

Zubereitung

- Sauerrahm und Zitronensaft mischen.
- Gewürze dazugeben.

Das Öl mit dem Schneebesen unterrühren, evtl. Wasser dazugeben.

Alles gut vermischen und über den Salat gießen.

Blattsalat

Zutaten

1 Kopfsalat

Salz, Pfeffer, Kräutersalz

2–4 EL Essig, 3 EL Öl, 4 EL Wasser

Zubereitung

Den Strunk abschneiden und die Blätter waschen.

In einem Sieb abtropfen lassen.

Den Salat in Stücke reißen und in eine Schüssel geben.

Für die Marinade alle Zutaten mischen.

Kurz vor dem Servieren die Marinade mit dem Salat vermengen.

Gurkensalat

Zutaten

1 Gurke

1 Zwiebel

1 Knoblauchzehe

2–4 EL Essig

3 EL Öl, 4 EL Wasser

Salz, Pfeffer, Kräutersalz

Zubereitung

Die Gurke waschen und mit dem Sparschäler schälen.

Die Gurke mit dem Hobel in Scheiben hobeln.

Die Zwiebel schälen und klein schneiden.

Knoblauchzehe schälen, durch die Knoblauchpresse pressen und gemeinsam mit der gehackten Zwiebel zu den Gurkenscheiben geben.

Für die Marinade alle Zutaten vermengen.

Die Marinade mit den Gurken vermischen.

Tomatensalat

Zutaten

1 kg Tomaten

1 Zwiebel

Salz, Pfeffer, Kräutersalz

2–4 EL Essig, 3 EL Öl, 4 EL Wasser

Basilikum

Zubereitung

Die Tomaten waschen.

- Den Strunk herausschneiden.
- Die Tomaten in Scheiben schneiden.

Die Zwiebel schälen und klein schneiden.

Tomaten und Zwiebel in einer Salatschüssel mischen.

Die Marinade zubereiten.

Die Tomaten mit der Marinade mischen und mit geschnittenem Basilikum bestreuen.

Kartoffelsalat

Zutaten

1 kg festkochende Kartoffeln

1 Zwiebel

Salz, Pfeffer

2–4 EL Essig, 3 EL Öl

1 EL Senf

1/8 l Wasser und 1/2 Suppenwürfel

Zubereitung

Kartoffeln kochen

Kartoffeln schälen und in Scheiben schneiden.

Die Zwiebel klein schneiden und dazugeben.

Marinade aus Essig, Öl, Salz, Pfeffer und Senf herstellen.

- Suppe aus Suppenwürfel und Wasser zubereiten (vgl. S. 35).
- Marinade mit Suppe vermengen und mit den Kartoffeln vermischen.

Salat mit Pfeffer bestreuen und ziehen lassen.

Mayonnaise-Salat

Zutaten

4–5 Kartoffeln

3–4 Karotten

1/2 Sellerie

1 Pkg. Tiefkühlerbsen

3–4 Essiggurken
4–5 EL Essiggurkensaft

1 Apfel

150 g Käse

500 ml Mayonnaise

Salz, Pfeffer

Zubereitung

Kartoffeln, Karotten und Sellerie waschen, schälen und schneiden.

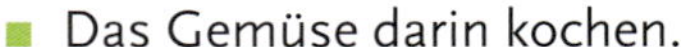

- Wasser und Salz in einen Topf geben.
- Das Gemüse darin kochen.

Die Erbsen etwas später dazugeben.

Das fertige Gemüse abgießen und auskühlen lassen.

Käse, Essiggurken und den Apfel in Würfel schneiden.

- Zutaten in eine Schüssel geben.
- 4–5 EL Essiggurkensaft dazugießen.

Das Gemüse und die Mayonnaise dazugeben.

- Verrühren.
- Nach Bedarf würzen.
- Den Salat an einem kühlen Ort durchziehen lassen.

Essiggurken in Fächer schneiden und auf den Salat legen.

Bewertung der Salate

Gericht	Das schmeckt mir.	Es geht so.	Das schmeckt mir gar nicht.

Suppen und Vorspeisen

Suppen

Vorspeisen

Klare Gemüsesuppe

Zutaten

2 Zwiebeln

Suppengemüse (Karotten, Sellerie, Lauch, Petersilie)

1 1/2 l Wasser

Salz, Pfeffer

Muskatnuss oder Muskatnusspulver

Wenn du die Zwiebelschalen mitkochst, wird die Suppe dunkler. Man macht das z. B. bei einer Nudelsuppe.

Zubereitung

Die Zwiebeln schälen.

Gemüse waschen, schälen, die Enden von Karotten und Lauch abschneiden und alles in grobe Stücke schneiden.

Wasser in einen Topf gießen.

Das grob geschnittene Gemüse und die Kräuter im Ganzen dazugeben.

Die Suppe eine Stunde leicht köcheln (wallen) lassen.

Die Suppe durch ein Sieb in einen Topf oder in eine Suppenschüssel gießen.

Karotten und Sellerie klein schneiden und zur Suppe geben.

Die Suppe nach Geschmack würzen.

Suppe aus Suppenwürfeln

Zutaten

1 l Wasser

2 Suppenwürfel

1 Bund Schnittlauch

Zubereitung

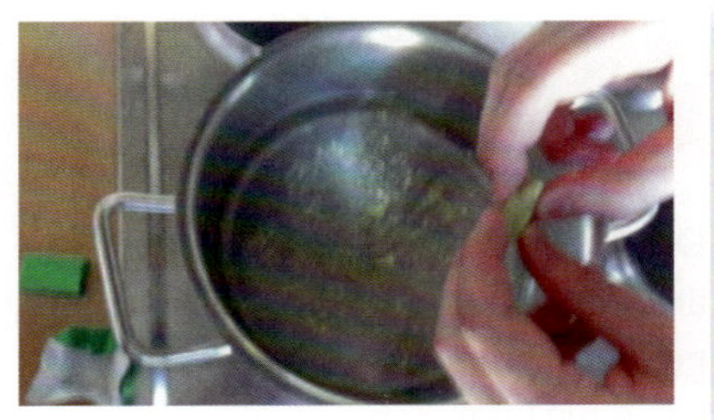
Wasser in einen Topf gießen und die Suppenwürfel hineinbröseln.

Die Brühe kurz aufkochen lassen.

Die Suppe kann mit fein geschnittenem Schnittlauch verfeinert werden.

Nudelsuppe

Zutaten

1 l Wasser

1 Suppenwürfel

Salz, Pfeffer, Kräutersalz

200 g Suppennudeln

Evtl. Schnittlauch zum Bestreuen

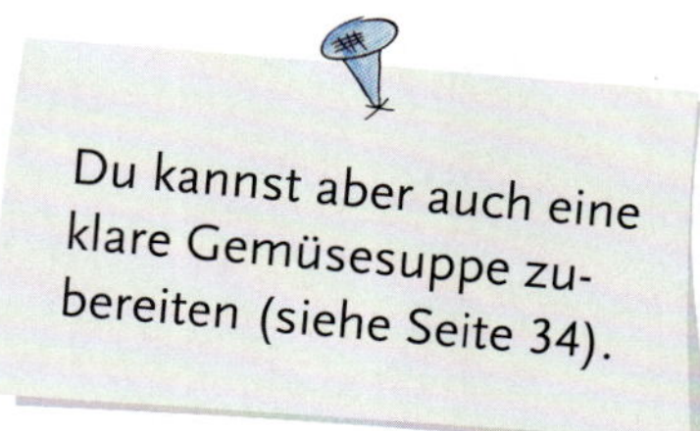
Du kannst aber auch eine klare Gemüsesuppe zubereiten (siehe Seite 34).

Zubereitung

Wasser in einen Topf gießen und den Suppenwürfel hineinbröseln.

Gewürze nach Geschmack hinzufügen und köcheln lassen.

Salzwasser aufkochen lassen.

Nudeln hinzufügen und ca. 5 min kochen lassen, öfters umrühren.

Die Nudeln in ein Sieb gießen.

Die Nudeln mit der Suppe anrichten. Die Suppe kann mit fein geschnittenem Schnittlauch verfeinert werden.

Grießknödelsuppe

Zutaten

1 l Wasser

2 Suppenwürfel

Evtl. Schnittlauch zum Bestreuen

Zutaten für Grießknödel

1/2 l Milch-Wasser-Gemisch

Salz, Muskatnuss

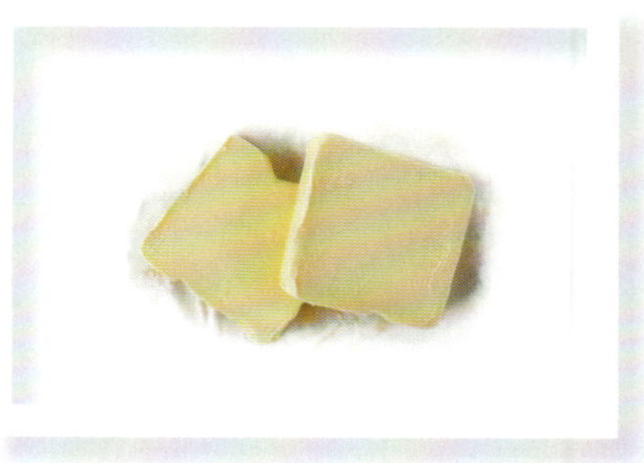

40 g Butter

150 g Grieß

1 Ei

1 Bund Petersilie

Zubereitung der Suppe

1 l Wasser in einen Topf gießen.

Wasser mit Suppenwürfeln und Gewürzen aufkochen lassen.

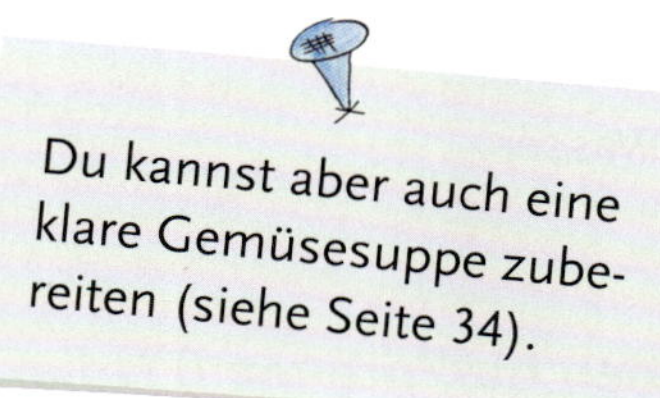

Zubereitung der Grießknödel

Milch-Wasser-Gemisch in einen Topf gießen.

- 1/2 TL Salz, Muskatnuss und Butter dazugeben.
- Aufkochen lassen.

- Den Grieß einrühren und aufkochen lassen.
- Dann die Masse auskühlen lassen.

Die Masse mit Ei und Petersilie mischen.

Aus der Masse kleine Knödel formen (am besten mit nassen Händen).

Wasser und Salz in einem Topf zum Kochen bringen und die Knödel einlegen.

Das Wasser sollte nur leicht köcheln.

Wenn die Knödel schwimmen, mit einem Schöpfer herausnehmen.

Die Grießknödel in den Suppenteller legen, mit Suppe aufgießen und evtl. mit geschnittenem Schnittlauch bestreuen.

Frittatensuppe (Flädlesuppe)

Zutaten für Suppe

1 l Wasser

2 Suppenwürfel

Evtl. Schnittlauch zum Bestreuen

Zutaten für Frittaten (Flädle)

140 g glattes Mehl

1 Prise Salz

2 Eier

Ca. 1/4 l Milch

40 g Butter

Zubereitung der Suppe

1 l Wasser in einen Topf gießen.

Wasser mit Suppenwürfeln aufkochen lassen.

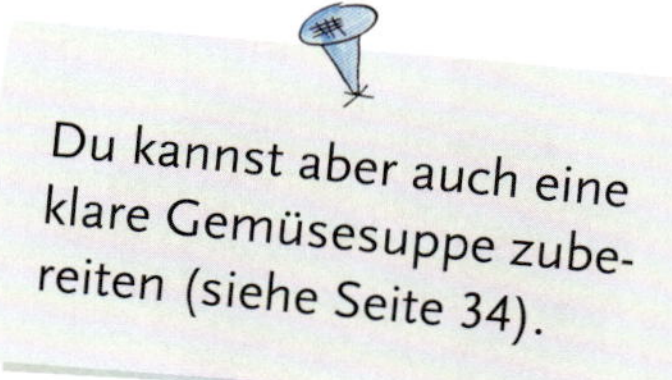

Zubereitung der Frittaten (Flädle)

Mehl und Salz in ein Gefäß geben.

Milch und Eier dazugeben.

Mit dem Schneebesen glatt rühren.

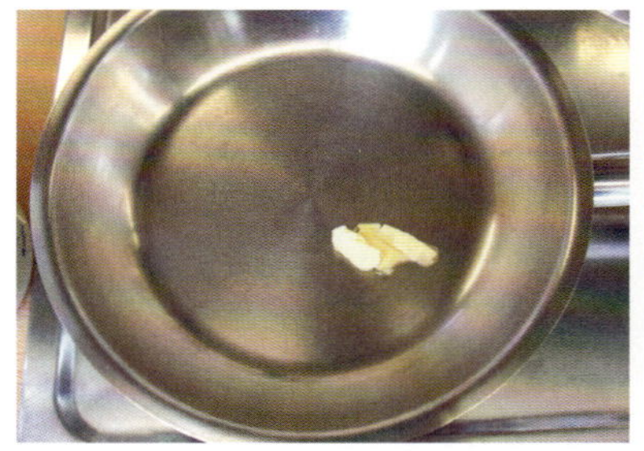

Etwas Butter in einer Pfanne erhitzen.

Den Teig eingießen und dünn verteilen.

Auf beiden Seiten hellbraun backen.

Die Palatschinken auskühlen lassen und halbieren.

Einrollen und in schmale Streifen schneiden.

Frittaten (Flädle) mit der Suppe anrichten.

Fleischbällchensuppe

Zutaten

250 g Faschiertes (Hackfleisch)

1 Ei

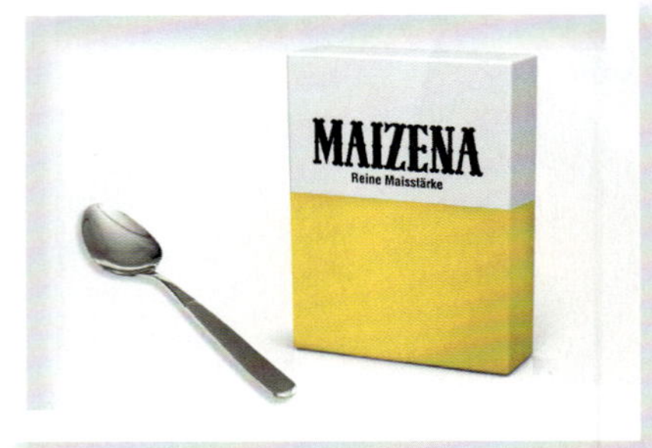

1 EL Maizena

Salz, Pfeffer

4 EL Sojasoße

2 EL Öl

1–2 Knoblauchzehen

1 l Wasser

1 Suppenwürfel

1/2 Pkg. Glasnudeln

1/2 Pkg. chinesische Pilze
(z. B. Shiitake-Pilze)

1/2 Rettich
1 Bund Schnittlauch zum Bestreuen

Zubereitung

Faschiertes, Ei, Maizena, Salz, Pfeffer und 1 EL Sojasoße gut mischen.

Kleine Bällchen formen (am besten geht es mit nassen Händen).

Öl in einem Topf erhitzen und Knoblauch darin anrösten.

Mit Wasser aufgießen.

Suppenwürfel im Wasser auflösen und mit Salz, Pfeffer, und Sojasoße würzen.

Die Fleischbällchen in die kochende Suppe geben.

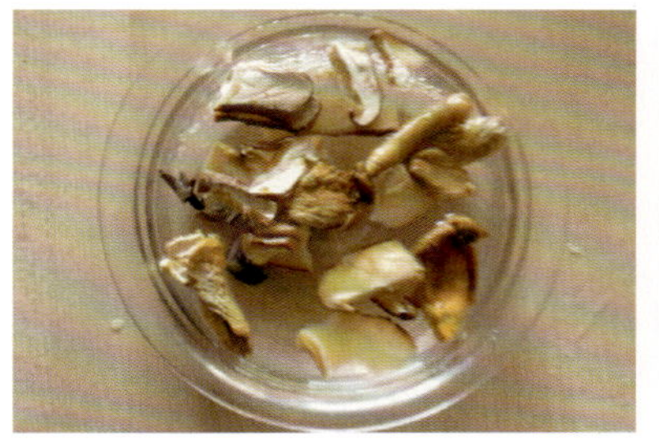

Die Pilze laut Packungsanleitung einweichen und dann klein schneiden.

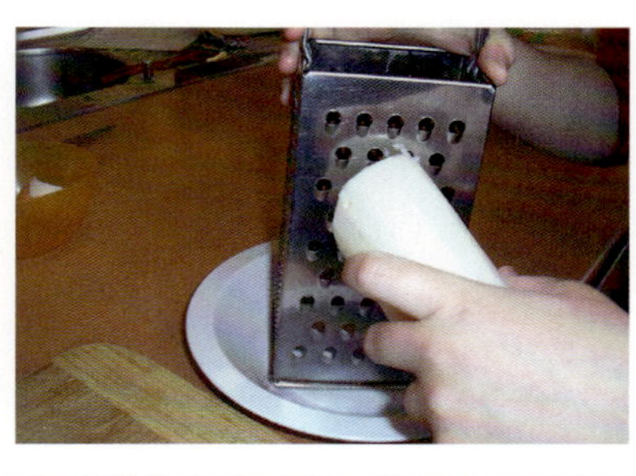

Den Rettich reiben.

Pilze und Rettich in die Suppe geben und einige Minuten kochen lassen.

- Nudeln mit kochendem Wasser übergießen, 4 min ziehen lassen.
- Dann mit feinem Sieb abseihen.

Die Nudeln evtl. etwas kleiner schneiden und in die Suppe geben.

Mit klein geschnittenem Schnittlauch bestreuen und servieren.

Gemüsesuppe

Zutaten

1 Zwiebel

2 Karotten

1 Stange Lauch

1 Kohlrabi

1/2 Karfiol (Blumenkohl)

4 Kartoffeln

40 g Butter (oder Öl)

1 EL Mehl

Ca. 1 l Wasser

1 Pkg. Tiefkühlerbsen

1 Suppenwürfel

Gewürze wie Salz und Pfeffer, aber auch Kräuter wie z. B. Petersilie, nach Geschmack

Zubereitung

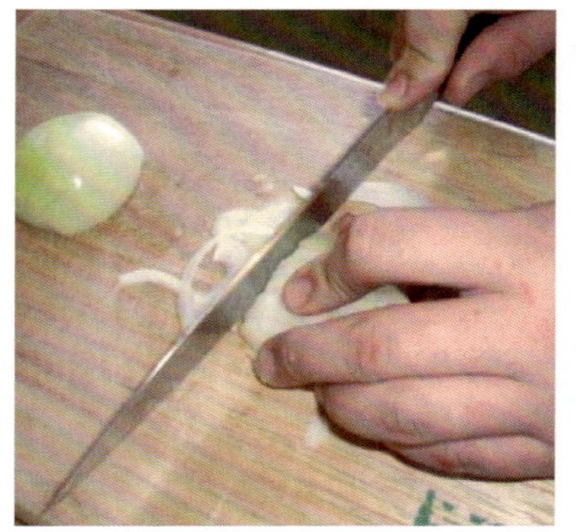

Die Zwiebel schälen und klein schneiden.

Das Gemüse waschen, schälen und klein schneiden.

Die Zwiebel in Butter (oder Öl) anrösten.

Das Gemüse kurz mit anrösten.

Mit Mehl stauben.

Mit Wasser aufgießen.

Die Erbsen erst in die Suppe geben, wenn sie kocht.

- Die Suppe nach Geschmack würzen.
- Ca. 15 min köcheln lassen.

Anrichten und geschnittenen Schnittlauch darüberstreuen.

Karottensuppe

Zutaten

Ca. 800 g Karotten

1 Zwiebel

40 g Butter

1 EL Mehl

1 l Wasser

Salz, Pfeffer, Kräutersalz

Muskatnuss

Kräuter (z. B. Petersilie)

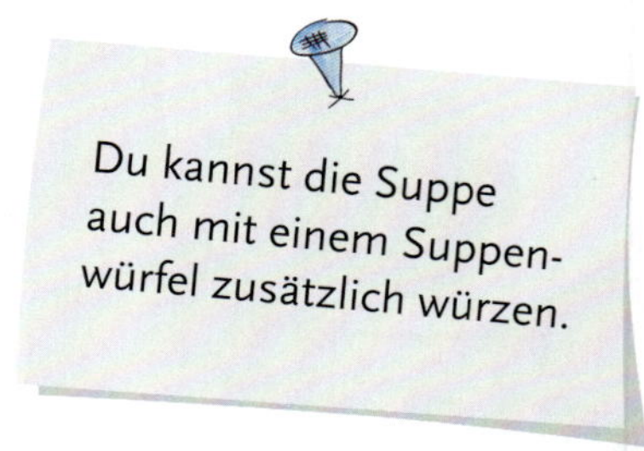
Du kannst die Suppe auch mit einem Suppenwürfel zusätzlich würzen.

Zubereitung

Karotten waschen und schälen.

In kleine Würfel schneiden.

Die Zwiebel schälen und klein schneiden.

Die Zwiebel in Butter anrösten.

Karottenwürfel mitrösten.

Mit Mehl stauben.

- Mit Wasser aufgießen.
- Nach Geschmack würzen und die Karottenstücke weich kochen.

Mit dem Stabmixer die Suppe cremig pürieren.

Mit Kräutern bestreuen und anrichten.

Lauchsuppe

Zutaten

1 Zwiebel

2 Stangen Lauch

40 g Butter

1 EL Mehl

Ca. 1 l Wasser

2 Kartoffeln

Salz, Pfeffer

Muskatnuss

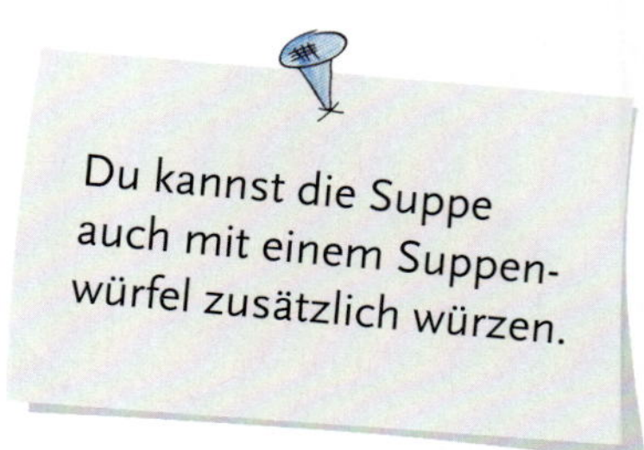

Zubereitung

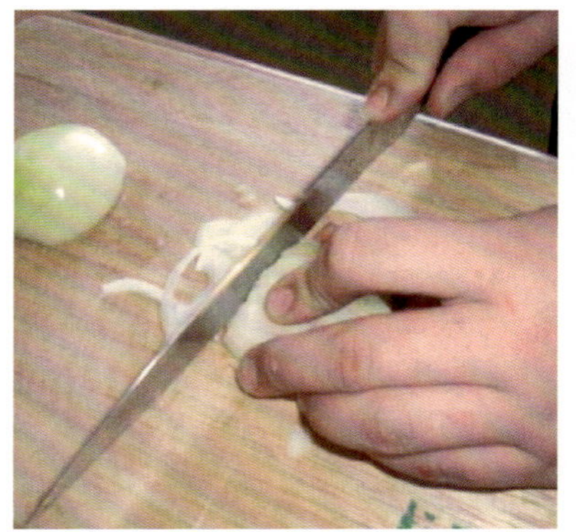

Die Zwiebel schälen und klein schneiden.

Den Lauch waschen, längs halbieren und in dünne Ringe schneiden.

Butter in einem Topf erhitzen und die Zwiebel darin anrösten.

Den Lauch kurz mitrösten.

Das Mehl dazugeben.

Mit Wasser aufgießen und köcheln lassen.

Kartoffeln waschen, schälen, klein schneiden und in die Suppe geben.

Die Suppe nach Geschmack mit Salz, Pfeffer und Muskatnuss würzen.

Anrichten und genießen.

Zucchini-Suppe

Zutaten

1 Zwiebel

2 Zucchini

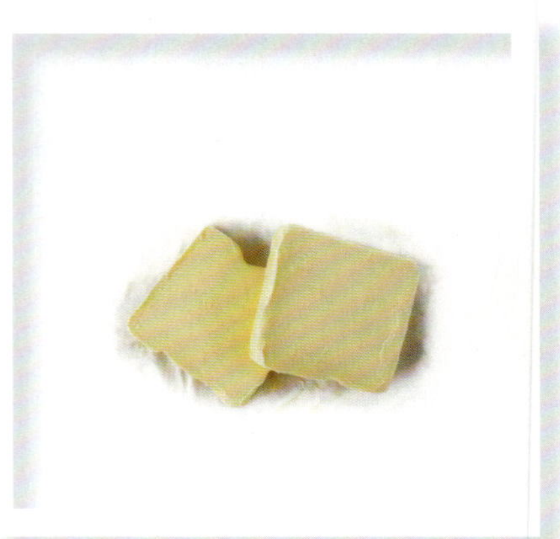

40 g Butter

Ca. 1 l Wasser

1 Kartoffel

Salz (eventuell Kräutersalz), Pfeffer

Muskatnuss

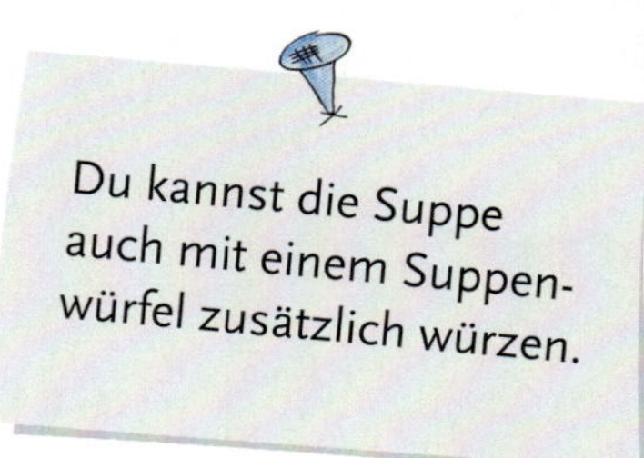

Zubereitung

Die Zwiebel schälen und klein schneiden.

Die Zucchini waschen.

Zucchini in Würfel schneiden.

Butter in einem Topf erhitzen.

Zwiebel darin anrösten.

Zucchini kurz mitrösten.

Mit Wasser aufgießen.

Kartoffel waschen, schälen und in kleine Würfel schneiden.

Die Kartoffelwürfel in die Suppe geben.

Die Suppe nach Geschmack würzen und das Gemüse weich kochen.

Mit dem Stabmixer pürieren.

Anrichten und genießen.

Tomatensuppe

Zutaten

6–8 Tomaten

1 Zwiebel

1 Knoblauchzehe

40 g Butter

Tomatenmark

Ca. 1/2 l Wasser

Salz und Pfeffer

1 Suppenwürfel

Basilikum

1/2 Becher Schlagobers (Sahne)

Zubereitung

Tomaten waschen und kreuzweise einschneiden.

Tomaten mit kochendem Wasser übergießen und kurz ziehen lassen.

Die Haut abziehen und die Tomaten vierteln.

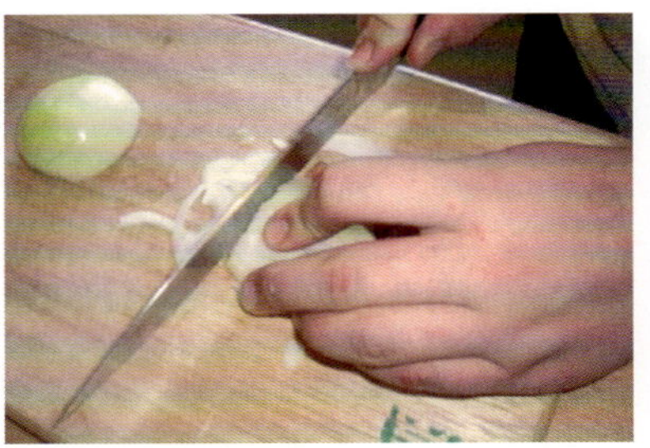

- Die Zwiebel schälen und klein schneiden.
- Die Knoblauchzehe schälen.

- Die Zwiebel und den Knoblauch (durch Knoblauchpresse drücken) zur erhitzten Butter geben und anrösten.
- Etwas Tomatenmark kurz mitrösten.

Die Tomaten und das Wasser dazugeben.

Nach Geschmack würzen.

Die Suppe zugedeckt ca. 15 min köcheln lassen.

Basilikum waschen und schneiden.

Die Suppe mit dem Mixstab pürieren.

Zum Schluss das Obers dazugeben.

Anrichten und mit Basilikum bestreuen.

Brotwürfelsuppe

Zutaten für Brotwürfel

Semmel oder Weißbrotreste

1 Ei

40 g Butter

Zutaten für klare Gemüsesuppe

2 Zwiebeln

Suppengemüse (Karotten, Sellerie, Lauch, Petersilie)

1 1/2 l Wasser

Salz, Pfeffer

Muskatnuss

Zubereitung

Zwiebel schälen.

Gemüse waschen, schälen, die Enden von Karotten und Lauch abschneiden und alles in grobe Stücke schneiden.

Wasser in einen Topf gießen.

Das grob geschnittene Gemüse und die Kräuter im Ganzen dazugeben.

Die Suppe eine Stunde leicht köcheln (wallen) lassen.

Die Suppe durch ein Sieb in einen Topf oder in eine Suppenschüssel gießen.

Karotten und Sellerie klein schneiden und zur Suppe geben.

Die Suppe nach Geschmack würzen.

Das Brot in kleine Würfel schneiden.

Das Ei versprudeln und dazumengen.

Brotwürfel und Ei gut mischen.

Butter erhitzen und die Brotwürfel goldbraun rösten.

Die Brotwürfel in den Teller geben und die Suppe dazugießen.

Frühlingsrollen

Zutaten für Teig

1 Pkg. Topfen (40 % F.i.T., 250 g)

150 g glattes Mehl

80 g Butter

1/2 TL Salz

1 Ei zum Bestreichen

Zutaten für Fülle

1/4 Krautkopf

4 Karotten, 1 Zwiebel

Öl zum Anbraten

300 g Faschiertes (Hackfleisch)

Salz, Pfeffer

6 EL Sojasoße

Zubereitung Teig

Alle Zutaten miteinander vermischen.

Zutaten zu einem Teig kneten und einige Zeit kühl stellen.

Zubereitung Fülle

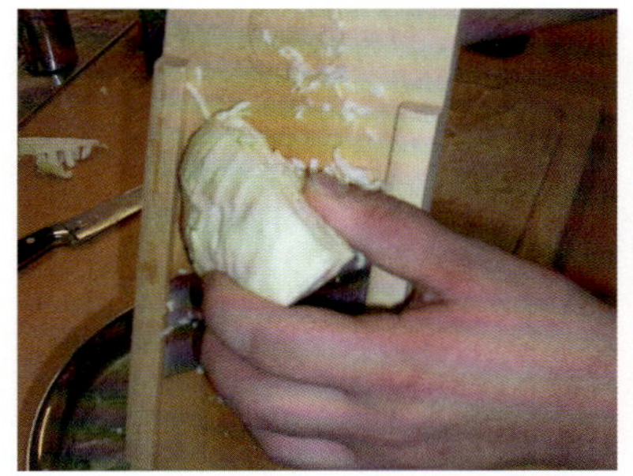

Den Strunk entfernen und das Kraut fein hobeln.

Die Karotten waschen, schälen und klein schneiden oder hobeln.

Die Zwiebel schälen und klein schneiden.

- Öl in eine Pfanne geben.
- Die Zwiebel anrösten.

Das Faschierte (Hackfleisch) dazugeben und mitrösten.

Kraut und Karotten in die Pfanne geben. Nach Geschmack würzen.

Den Blätterteig ausrollen.

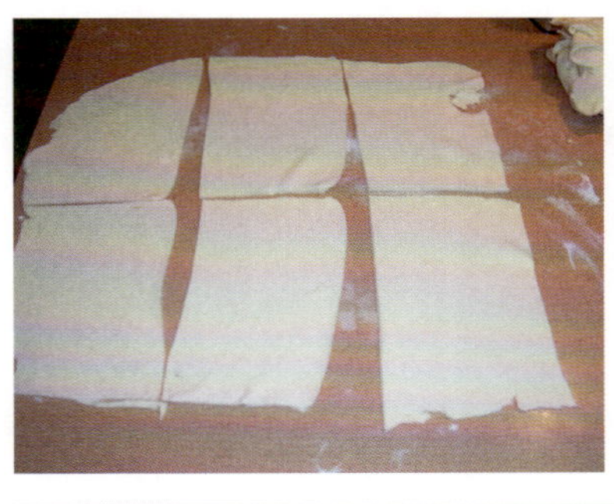

In Rechtecke teilen.

Die ausgekühlte Fülle auf den Rechtecken verteilen und einrollen.

Das Ei verquirlen und die Frühlingsrollen damit bestreichen.

Im Backrohr ca. 25 min backen.

Anrichten und genießen.

Gebratene Zucchini-Scheiben mit Joghurt

Zutaten

2 Zucchini

200 g glattes Mehl

1/4 l Mineralwasser

Öl zum Braten

2 kleine Becher Joghurt (à 200 g)

Knoblauch

Salz und Pfeffer nach Geschmack

Zubereitung

Die Zucchini waschen.

Die Enden abschneiden und Zucchini in dünne Streifen schneiden.

Aus Mehl, Mineralwasser und Salz einen flüssigen Teig rühren.

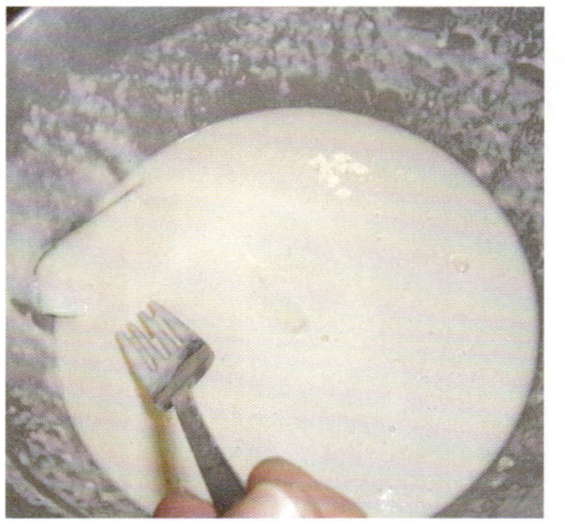

- Öl in eine Pfanne geben und erhitzen.
- Zucchini-Scheiben in den Teig tauchen

Zucchini-Scheiben in Öl goldgelb anbraten.

Auf einem Küchenpapier abtropfen lassen.

Das Joghurt in eine Schüssel geben.

- Knoblauch schälen und in das Joghurt pressen.
- Nach Geschmack würzen.

Joghurtsoße mit den Zucchini-Scheiben servieren.

Bewertung der Suppen und Vorspeisen

Gericht	Das schmeckt mir.	Es geht so.	Das schmeckt mir gar nicht.

Hauptspeisen

Vegetarische Hauptspeisen

Hauptspeisen mit Fleisch, Wurst und Fisch

Süße Hauptspeisen

Käsespätzle

Zutaten

400 g Mehl

2 TL Salz

4 Eier

ca. 1/8 l Wasser

Spätzle-Käse

Pfeffer

1 Zwiebel

80–100 g Butter

Zubereitung

Wasser zum Kochen bringen und 2 TL Salz dazugeben.

Mehl, Salz, Wasser und Eier zu einem Teig verrühren.

Den Teig mit dem Spätzlehobel in das kochende Wasser hobeln.

Aufkochen lassen und die Spätzle mit dem Siebschöpfer herausnehmen.

Spätzle und geriebenen Käse abwechselnd in eine Schüssel schichten.

Die letzte Schicht Spätzle mit Pfeffer bestreuen.

Zwiebel in feine Ringe schneiden und in Butter anrösten.

Die Röstzwiebel auf die fertigen Spätzle geben.

Anrichten und z. B. mit grünem Salat genießen.

Bratkartoffeln mit Spiegelei

Zutaten für Bratkartoffeln

Ca. 1 1/2 kg Kartoffeln (vorwiegend festkochend oder festkochend)

1 Zwiebel

1 Knoblauchzehe

60 g Butter oder 4 EL Öl zum Anbraten

1 Bund Petersilie

Salz, Pfeffer

Zutaten für Spiegeleier

40 g Butter

Eier nach Bedarf

Salz, Pfeffer

Zubereitung Bratkartoffeln

Die Kartoffeln waschen und weich kochen.

Die gekochten Kartoffeln schälen und in Scheiben schneiden.

Die Zwiebel schälen und klein schneiden.

Knoblauch dazu pressen.

- Fett in der Pfanne erhitzen.
- Zwiebel und Knoblauch darin anrösten.

Kartoffeln dazugeben und knusprig anbraten.

Petersilie fein hacken.

Nach Geschmack mit Salz, Pfeffer und Petersilie würzen.

Mit Spiegelei anrichten und genießen.

Zubereitung Spiegeleier

Butter in einer Pfanne erhitzen.

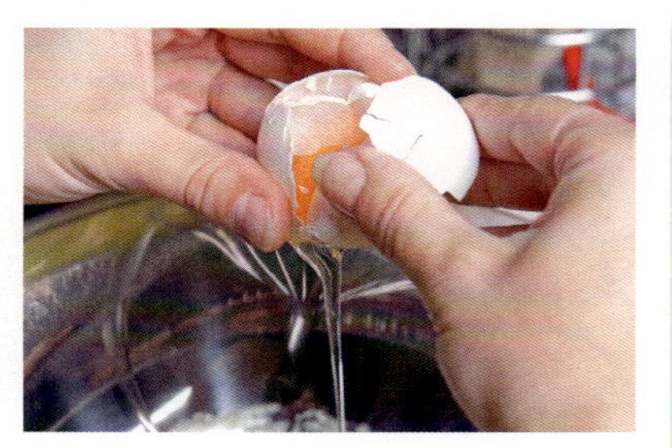

Die Eier hineinschlagen.

Mit Salz und Pfeffer würzen, mehr oder weniger anbraten.

Kartoffel-Lauch-Gratin

Zutaten

1 kg Kartoffeln

4 Karotten

2 Stangen Lauch

Öl zum Anbraten

Salz und Pfeffer

50 g Butter

1 EL glattes Mehl

1/4 l Milch

1/4 l Wasser

1 Suppenwürfel

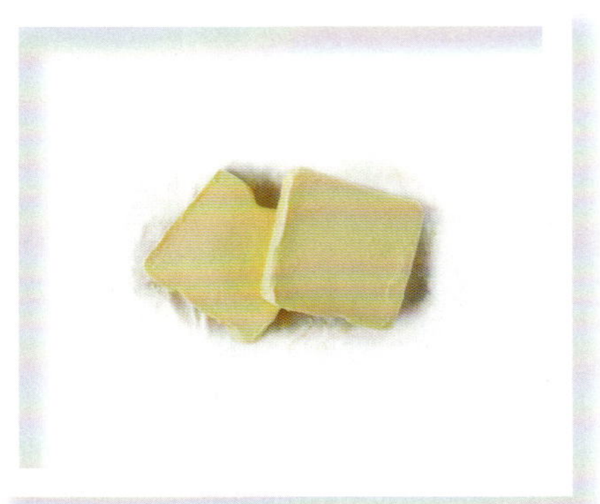

Etwas Butter zum Einfetten der Form

250 g Käse

Zubereitung

Kartoffeln waschen, schälen und in dünne Scheiben schneiden.

- Kartoffeln in einem Topf mit Wasser kochen.
- 1 TL Salz dazugeben.

Karotten waschen, schälen und in dünne Scheiben schneiden.

- Karotten in einem Topf mit Wasser kochen.
- 1 TL Salz dazugeben.

Lauch waschen und in dünne Scheiben schneiden.

- Öl in einer Pfanne erhitzen.
- Den Lauch darin kurz anrösten.

Mit Salz und Pfeffer würzen.

Soße: Butter schmelzen, Mehl dazugeben und anschwitzen.

Milch und Wasser unter ständigem Rühren mit einem Schneebesen dazugießen.

Mit dem Schneebesen verhinderst du, dass sich in der Soße Klümpchen bilden.

Zubereitung

- Aufkochen.
- Mit Salz, Pfeffer und Suppenwürfel würzen.
- Ca. 5 min köcheln lassen.

Kartoffeln und Karotten abseihen.

Eine Auflaufform mit Butter einfetten.

Kartoffeln, Karotten und Lauch in die Auflaufform schichten.

Die letzte Schicht besteht aus Kartoffeln.

Den Käse reiben.

Mit der Soße übergießen und mit Käse bestreuen.

Im vorgeheizten Backofen ca. 15 min überbacken.

Anrichten und genießen.

Gemüsestrudel

Zutaten

1 Zwiebel

50 g Butter

500 g Mischgemüse (frisch oder tiefgekühlt)

3 Kartoffeln

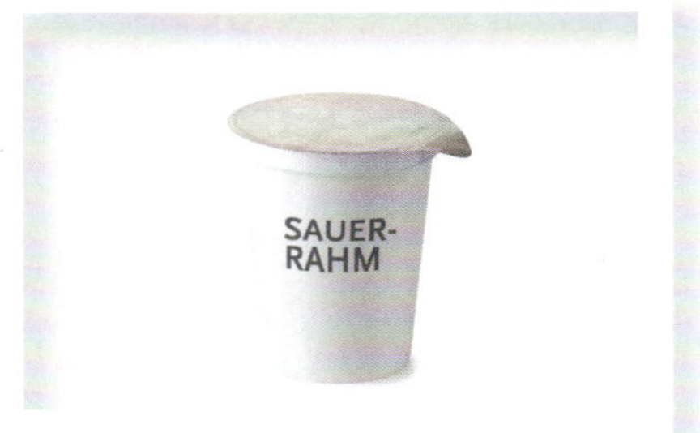

1 Becher Sauerrahm (250 g)

Salz, Pfeffer, Muskat, Kräutersalz

Kräuter (z. B. Schnittlauch, Petersilie)

1 Pkg. Blätterteig
3 EL Brösel

1 Ei zum Bestreichen

Zutaten für Schnittlauchsoße

1 großer Becher Naturjoghurt (500 g)

Salz, Pfeffer, Knoblauch

1 Bund Schnittlauch

Zubereitung Gemüsestrudel

Die Zwiebel schälen und fein schneiden.

Butter in eine Pfanne geben und die Zwiebel darin anrösten.

Gemüse dazugeben und bissfest dünsten, würzen und auskühlen lassen.

Die Kartoffeln waschen und schälen.

Die Kartoffeln fein reiben.

Den Sauerrahm in eine Schüssel geben und glatt rühren.

- Die Kartoffeln und das Gemüse unterrühren.
- Nach Geschmack würzen.

Kräuter fein hacken und dazugeben.

Den Blätterteig ausrollen und mit Bröseln bestreuen.

Auf das mittlere Drittel des Teiges die Gemüsefülle geben.

Einrollen und die Verschlussstellen mit Wasser bestreichen.

Das Ei mit einer Prise Salz versprudeln.

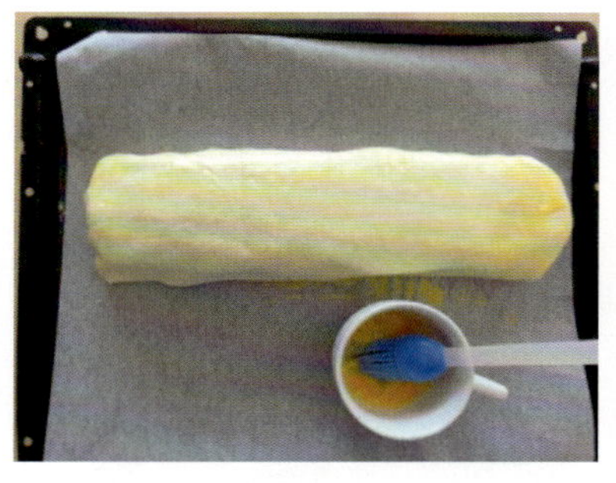

Den Strudel auf das Blech setzen und mit Ei bestreichen.

Den Strudel bei 200 °C 30 min goldgelb backen.

Mit Schnittlauchsoße anrichten und genießen.

Zubereitung Schnittlauchsoße

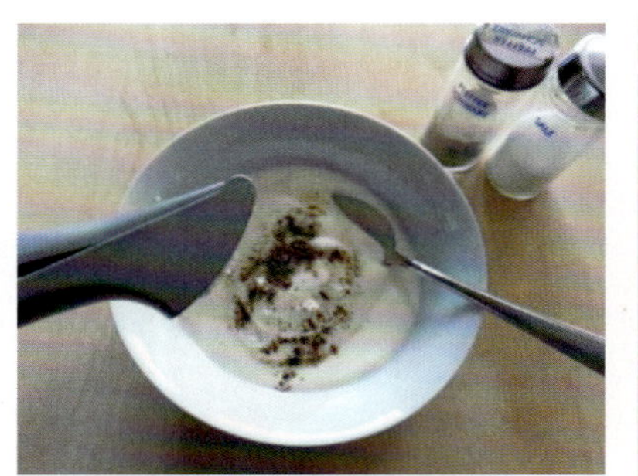

Joghurt mit gepresstem Knoblauch und Gewürzen mischen.

Schnittlauch klein schneiden und dazugeben.

Alles gut verrühren.

Tipp
Du kannst selbstverständlich auch andere Gemüsesorten verwenden.

Gemüselasagne

Zutaten

3 Karotten

1 Stange Lauch, 1 Zwiebel

2 Zucchini

3 EL Öl zum Anrösten

2 EL glattes Mehl

1 Dose Tomaten, Tomatenmark

Salz, Pfeffer, Kräutersalz

100 g Käse

1 Becher (125 g) Crème fraîche

2 Becher (à 250 g) Sauerrahm

Butter zum Einfetten der Auflaufform

1 Pkg. Lasagne-Blätter

Zubereitung

Karotten waschen, schälen und in Scheiben schneiden.

Lauch waschen und in Ringe schneiden.

Die Zwiebel schälen und fein schneiden.

Zucchini in kleine Stücke schneiden.

Öl in einer Pfanne erhitzen und die Zwiebel darin anrösten.

Den geschnittenen Lauch dazugeben und ebenfalls anrösten.

Zucchinistücke dazumengen.

Karottenscheiben dazugeben und ebenfalls mitrösten.

Mit 2 EL Mehl stauben.

Tomaten und etwas Tomatenmark (nach Geschmack) dazugeben.

Nach Geschmack würzen und köcheln lassen.

Den Käse reiben.

Sauerrahmsoße: Crème fraîche und Sauerrahm miteinander verrühren und würzen.

Eine Auflaufform einfetten.

- Sauerrahmsoße in die Auflaufform streichen.
- Lasagne-Blätter darauflegen.

Mit Gemüsesoße bedecken.

Die Lasagne so schichten, bis alle Zutaten aufgebraucht sind.

Die letzte Schicht ist die Sauerrahmsoße.

Lasagne mit Käse bestreuen.

Im Backofen bei 200 °C ca. 40 min backen.

Die Lasagne etwas nachziehen lassen.

Guten Appetit!

Tipp
Du kannst selbstverständlich auch andere Gemüsesorten verwenden.

Penne mit Gemüse

Zutaten

1 Zwiebel

1 Stange Lauch

4 Karotten

1 Zucchini

3 Paprika

1 Brokkoli

3 EL Olivenöl

1 Dose geschälte Tomaten

Tomatenmark

Salz, Pfeffer, Kräutersalz

400 g Penne

Parmesan, selbst gerieben, oder fertig gerieben im Päckchen, zum Bestreuen

Zubereitung

Die Zwiebel schälen und klein schneiden.

Den Lauch waschen und in dünne Ringe schneiden.

Die Karotten waschen, schälen und in kleine Würfel schneiden.

Die Zucchini waschen und klein schneiden.

Die Paprikaschoten waschen und in Streifen schneiden.

Den Brokkoli waschen und die Röschen abschneiden.

Öl in einer Pfanne erhitzen.

Zwiebeln darin anrösten.

Das Gemüse dazugeben.

Geschälte Tomaten dazugeben.

Etwas Tomatenmark hinzufügen.

Verrühren und nach Geschmack würzen.

Ein paar Minuten köcheln lassen.

Wasser in einem Topf zum Kochen bringen und dann salzen.

- Die Nudeln in das kochende Wasser geben.
- Öfters umrühren.

Die nicht zu weich gekochten Nudeln abgießen.

Die Nudeln mit dem Gemüse vermischen.

Mit Parmesan bestreuen und genießen.

Gemüsequiche

Zutaten

1 Pkg. Blätterteig

800 g Gemüse nach Wahl

1 Zwiebel

2 Knoblauchzehen

3 EL Öl

1/4 l Milch

4 Eier

100 g Käse

Petersilie

Salz, Pfeffer

Muskatnuss oder Muskatnusspulver

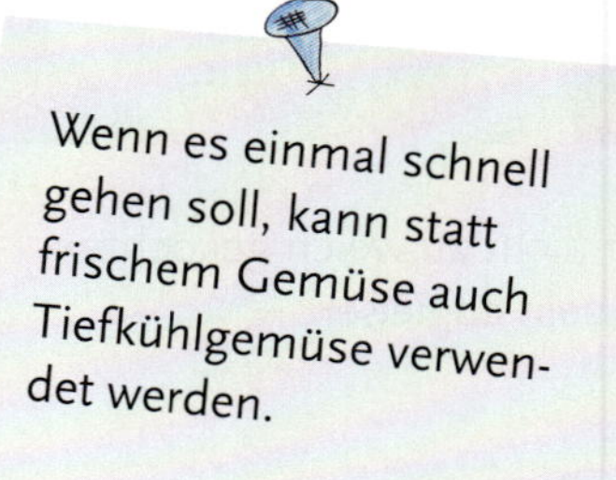

Zubereitung

Das Gemüse waschen, schälen und klein schneiden.

Gemüse in wenig Salzwasser kurz kochen lassen.

Das gekochte Gemüse abseihen.

- Die Zwiebel schälen und klein schneiden.
- Den Knoblauch pressen.

- Öl in einer Pfanne erhitzen.
- Zwiebel und Knoblauch darin anrösten.

- Das Gemüse dazugeben und kurz dünsten lassen.
- Nach Geschmack würzen.

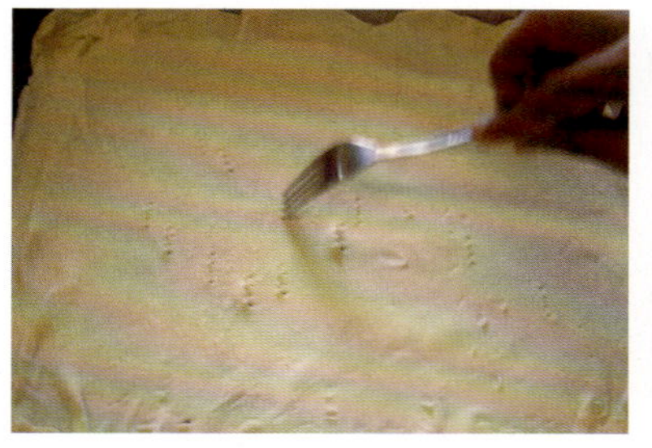

Den Blätterteig in eine Tortenform oder auf ein Backblech legen und mit einer Gabel öfters einstechen.

Das Gemüse auf dem Teig verteilen.

Eier und Milch in einer Schüssel miteinander verquirlen.

Geriebenen Käse, geschnittene Petersilie und Gewürze dazumengen.

Die Milchmischung über das Gemüse gießen. Die Quiche im Backrohr bei 200 °C ca. 35 min backen.

Anrichten und genießen.

Gefüllte Kohlrabi

Zutaten

1/2 Tasse Reis

4 große oder 8 kleine Kohlrabi

1 Tomate

1 kleine Pkg. Tiefkühlerbsen

4 EL Crème fraîche

1 Bund Petersilie

2 EL Tomatenmark

100 g Käse (z. B. Tilsiter)

Salz und Pfeffer

Zubereitung

Reis kochen (für eine halbe Tasse Reis eine ganze Tasse Wasser zum Kochen bringen), siehe auch Reis kochen, S. 123.

Kohlrabi schälen und in Salzwasser ca. 30 min kochen.
Aufgepasst: Das Kochwasser aufheben!

Reis, gewürfelte Tomate und Erbsen in eine Schüssel geben.

Crème fraîche dazugeben.

- Alles gut vermischen und würzen.
- Die gehackte Petersilie dazumengen.

Die gekochten Kohlrabi aushöhlen.

Das Innere der Kohlrabi klein schneiden und zur Fülle mischen.

Kohlrabi füllen und in eine Auflaufform setzen.

1/4 l vom Kohlrabi-Kochwasser mit Tomatenmark verrühren und über die Kohlrabi gießen.

Den Käse reiben und über die Kohlrabi streuen.

Im Backrohr bei 200 °C ca. 25 min backen.

Anrichten und genießen.

Kartoffelgulasch

Zutaten

1 kg Kartoffeln

2 Zwiebeln

1 Knoblauchzehe

3 Paprika

Öl zum Anrösten

1 EL glattes Mehl

Paprikapulver

Tomatenmark

Ca. 1 l Wasser

Salz, Pfeffer

Suppenwürfel

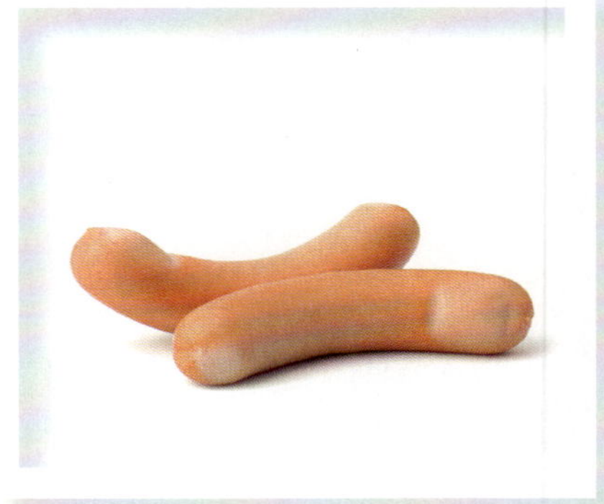
1 Paar Knacker oder
200 g Wurst nach Geschmack

Zubereitung

Die Kartoffeln waschen und schälen.

Die Kartoffeln in Würfel schneiden.

Zwiebeln und Knoblauch schälen und klein schneiden.

Paprika waschen, halbieren, Kerne entfernen und klein schneiden.

- Öl in einer Pfanne erhitzen.
- Die Zwiebeln und den Knoblauch darin anrösten.

1 EL Mehl mitrösten.

Das Paprikapulver und das Tomatenmark unterrühren.

Mit Wasser aufgießen.

Kartoffeln und Paprika dazugeben.

Nach Geschmack mit Salz, Pfeffer und Suppenwürfel würzen.

Die Wurst klein schneiden und beimengen.

Das Gulasch kochen lassen, bis die Kartoffeln weich sind.

Fleischlaibchen

Zutaten

1 Semmel
Milch oder Wasser zum Einweichen

1 Zwiebel

Petersilie

500 g Faschiertes (Hackfleisch)

1 Ei

Salz, Pfeffer

Majoran

Etwas Mehl und Brösel

4 EL Öl zum Braten

Zubereitung

Die Semmel in Milch oder Wasser einweichen.

Zwiebel klein schneiden.

Petersilie fein hacken.

Faschiertes (Hackfleisch), Petersilie, Zwiebel und Ei in eine Schüssel geben.

Die Masse nach Geschmack würzen.

Die Semmel ausdrücken, passieren (oder mit Teigkarte durch Sieb streichen) und beimengen.

Die Masse gut durchmischen.

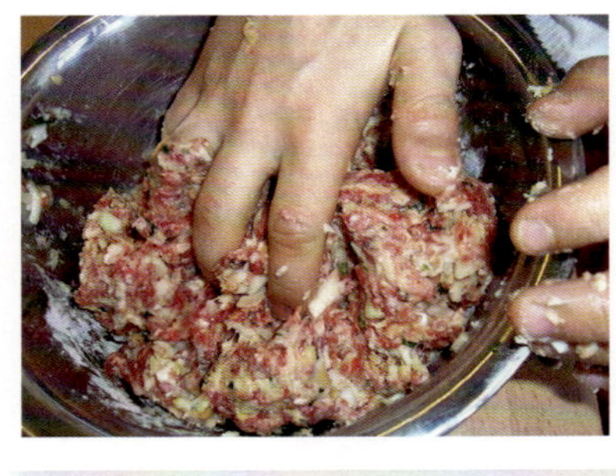

1 EL Mehl und 1 EL Brösel dazugeben.

Laibchen formen.

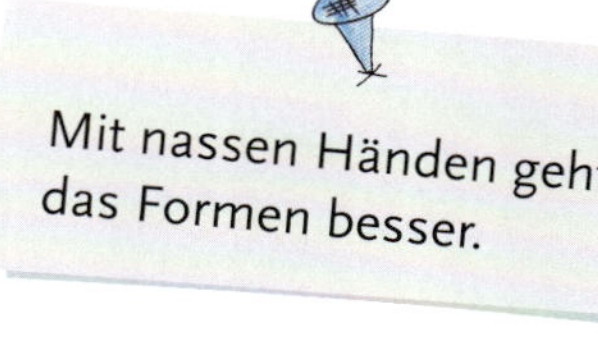

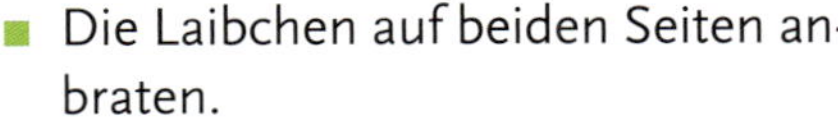

- Öl in einer Pfanne erhitzen.
- Die Laibchen auf beiden Seiten anbraten.

Anrichten und genießen.

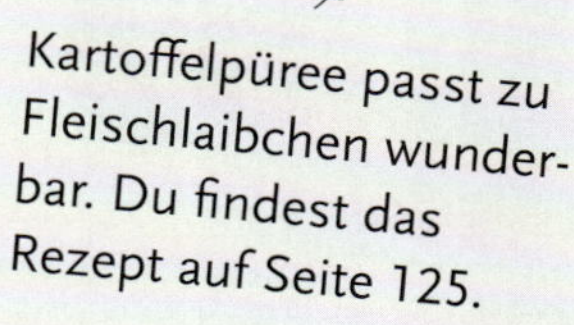

Tiroler Knödel

Zutaten

500 g Knödelbrot

200 g Wurst (z. B. Braunschweiger)

1 Zwiebel

2 EL Öl zum Anrösten

Petersilie

Salz, Pfeffer

Majoran

2 EL glattes Mehl

2 Eier

Knapp 1/2 l Milch

1 Suppenwürfel

Zubereitung

Das Knödelbrot in eine Schüssel geben.

Die Wurst kleinwürfelig schneiden.

- Die Zwiebel schälen und klein schneiden.
- In einer Pfanne mit heißem Fett anrösten.

Petersilie klein hacken.

Zwiebel und Petersilie mit dem Knödelbrot mischen.

Salz, Pfeffer, Majoran und die Wurst dazugeben.

Das Mehl und die Eier unterrühren.

Milch erhitzen, den Suppenwürfel hineinbröseln und verrühren.

Die Milch auf die Knödelmasse gießen und gut vermischen.

Nochmals mit den Händen verkneten und Knödel formen.

Die Knödel im kochenden Salzwasser ca. 10 min leicht kochen lassen.

Anrichten und genießen. Dazu passt Sauerkraut (siehe S. 132).

Kartoffelpuffer

Zutaten

Ca. 1 kg Kartoffeln

1 Zwiebel
1–2 Knoblauchzehen

2 Eier

2–3 EL Mehl

Salz, Pfeffer

Petersilie, Majoran

150 g Wurst nach Geschmack

150 g Käse nach Geschmack
(z. B. Bergkäse)

6 EL Öl zum Anbraten
(bei Bedarf mehr dazugeben)

Zubereitung

Die Kartoffeln waschen und schälen.

Mit einer Raffel fein raffeln.

Die Kartoffeln können auch mit einer Maschine geraffelt werden.

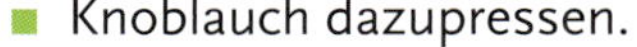

- Zwiebel schälen und klein schneiden.
- Knoblauch dazupressen.

Kartoffeln, Eier, Mehl und Gewürze gut miteinander mischen.

Wer möchte, kann auch klein geschnittene Wurst dazugeben.

Mit etwas geriebenem Käse werden die Puffer würziger.

- Fett in einer Pfanne erhitzen.
- Je einen EL Kartoffelmasse in die Pfanne geben und flach drücken.

Die Kartoffelpuffer bei mittlerer Hitze auf beiden Seiten knusprig braten.

Panierte Schnitzel mit Backrohr-Pommes-frites

Zutaten

Schnitzelfleisch
(z. B. von Schwein oder Pute),
pro Person 150 g Schnitzel

Salz, Pfeffer

Glattes Mehl

1 Ei

3 EL Milch

Semmelbrösel

Öl zum Backen

Zitronenscheiben zum Garnieren

1 Pkg. Backrohr-Pommes-frites

Zubereitung Pommes frites

Das Backrohr nach Packungsanleitung vorheizen.

- Pommes auf einem Backblech verteilen.
- 20 min im Rohr backen.

In einer Schüssel mit Salz vermischen.

Zubereitung Schnitzel

Das Fleisch klopfen.

Auf beiden Seiten mit Salz und Pfeffer würzen.

Milch und Ei verquirlen.

Schnitzel zuerst in Mehl wenden.

Dann in Ei tauchen.

Zuletzt in den Bröseln wenden.

Das Öl (ca. 1 1/2 cm hoch eingießen) in einer Pfanne erhitzen.

Die Schnitzel auf beiden Seiten goldgelb backen.

Mit Zitronenscheiben garnieren und mit Pommes frites anrichten.

Wurstnudeln

Zutaten

400 g Nudeln

1 Zwiebel

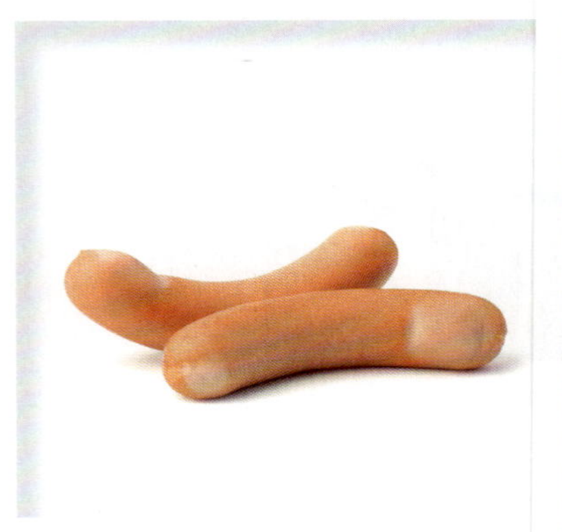

1 Paar Knacker oder
200 g Wurst nach Geschmack

40 g Butter

Salz, Pfeffer

Kräutersalz

Petersilie

Zubereitung

- Wasser in einem Topf zum Kochen bringen und dann salzen.
- Nudeln hinzufügen und öfters umrühren.

Nudeln weich kochen und anschließend abseihen.

Die Zwiebel schälen und klein schneiden.

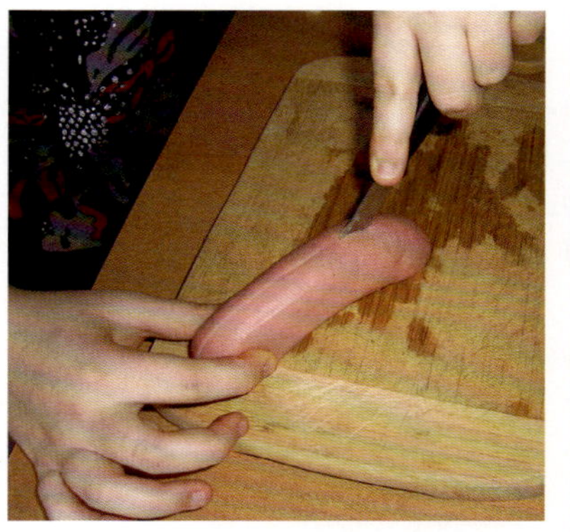

- Die Wursthaut abziehen.
- Dann die Wurst der Länge nach durchschneiden.

Die Wursthälften in Scheiben schneiden.

- Butter in einer Pfanne erhitzen.
- Die Zwiebel und die Wurst darin anrösten.

Die gekochten Nudeln dazugeben.

- Mit Salz, Pfeffer und Kräutersalz würzen.
- Mit gehackter Petersilie bestreuen.

Anrichten und genießen.

Spaghetti bolognese

Zutaten

1 Zwiebel

1 Knoblauchzehe

3 EL Olivenöl zum Anrösten

300 g Faschiertes (Hackfleisch)

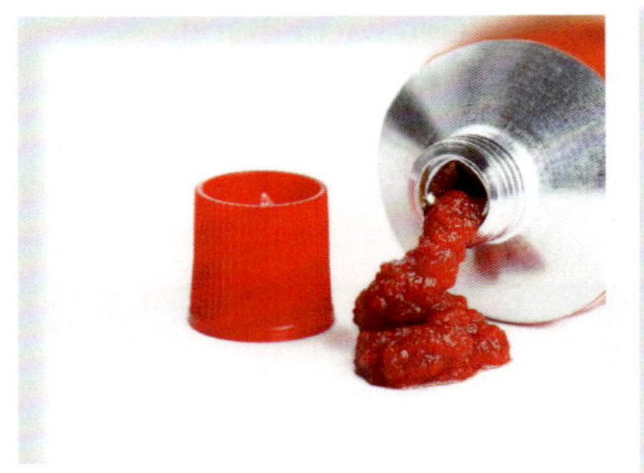

Tomatenmark

1 EL Mehl

1 Dose passierte Tomaten

1 Suppenwürfel

Basilikum, Oregano

Salz, Pfeffer, Kräutersalz

500 g Spaghetti

Parmesan, selbst gerieben, oder fertig gerieben im Päckchen, zum Bestreuen

Zubereitung

- Zwiebel schälen und klein schneiden.
- Knoblauch dazupressen.

Olivenöl in einem Topf erhitzen.

- Zwiebel und Knoblauch anrösten.
- Das Faschierte (Hackfleisch) dazugeben und anbraten.

Etwas Tomatenmark und Mehl kurz mitrösten.

Die passierten Tomaten dazugießen.

Nach Geschmack würzen und ca. 15 min köcheln lassen.

Nudeln in kochendes Salzwasser geben, öfters umrühren.

Die Nudeln abseihen.

Die Nudeln mit Soße und geriebenem Parmesan anrichten.

Schinken-Käse-Omelette

Zutaten

200 g glattes Mehl

3 Eier

1/4 l Milch

Salz, Pfeffer, Kräutersalz

200 g Schinken oder andere Wurst

100 g Käse

Etwas Butter zum Braten
(pro Omelette ca. 10 g Butter)

Petersilie

1 Zwiebel

Zubereitung

Mehl, Milch, Eier und die Gewürze in eine Schüssel geben.

- Mit dem Schneebesen glatt rühren.
- Bei Bedarf Milch nachgießen.

Schinken und Käse klein schneiden (der Käse kann auch gerieben werden).

Die Petersilie fein hacken.

Die Zwiebel schälen und klein schneiden.

Schinken, Käse, Zwiebel und Petersilie unter den Teig mischen.

- Fett in einer Pfanne erhitzen.
- Einen Schöpfer Teig darin verteilen.

Die Omelette auf beiden Seiten hellbraun anbraten.

Anrichten und am besten mit Blattsalat genießen.

Würstchen in Blätterteig

Zutaten

8 Frankfurter Würstchen

2 Pkg. Blätterteig

1 Ei zum Bestreichen

Zubereitung

Das Backblech mit Backpapier auslegen.

Den Blätterteig ausrollen und mit einem Teigrad oder Messer in Streifen schneiden.

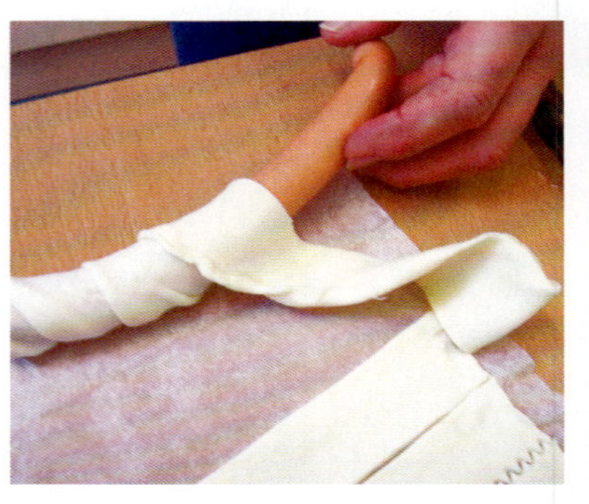

Die Würstchen mit Teigstreifen dicht umwickeln.

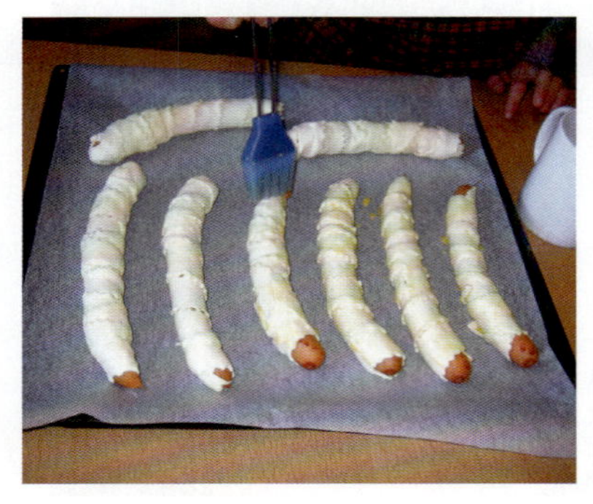

Das Ei in einer Tasse verquirlen und den Teig damit bestreichen.

Die Würstchen bei 180 °C ca. 15 min backen.

Anrichten und genießen.

Dazu passt z. B. buntes Gemüse. Du findest das Rezept auf Seite 127.

Pizzateig

Zutaten

400 g glattes Mehl

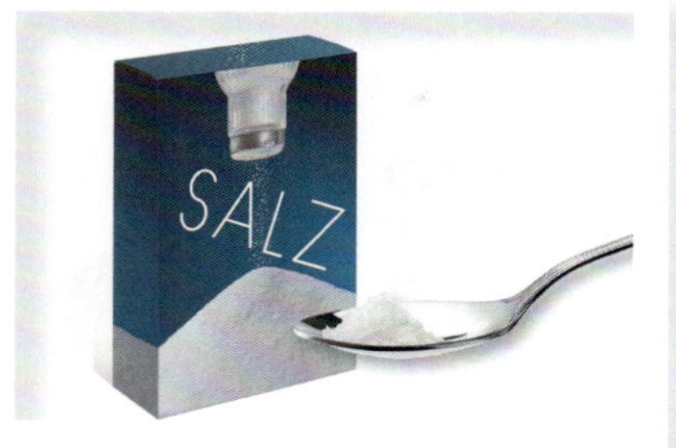

1 TL Salz

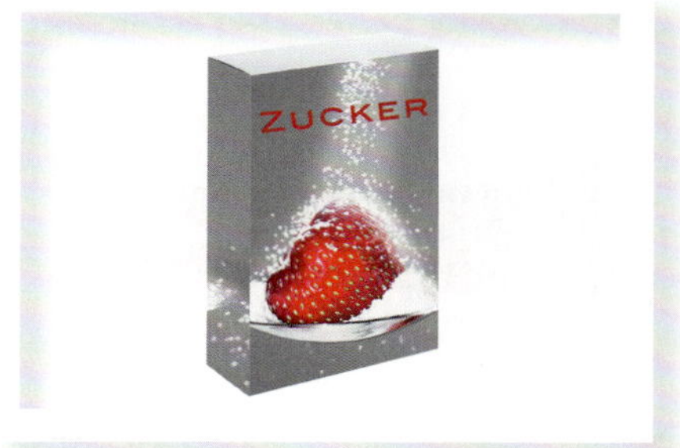

1 Prise Zucker

1/2 Würfel Hefe (Germ) oder
1 Pkg. Trockenhefe

2 EL Olivenöl

1/4 l Wasser

Zubereitung

- Mehl, Salz und Zucker in eine Schüssel geben.
- Die Hefe hineinbröseln.

Olivenöl dazugeben.

Lauwarmes Wasser dazugießen.

Den Teig gut kneten.

Den Teig an einem warmen Ort gehen lassen, bis er doppelt so hoch ist.

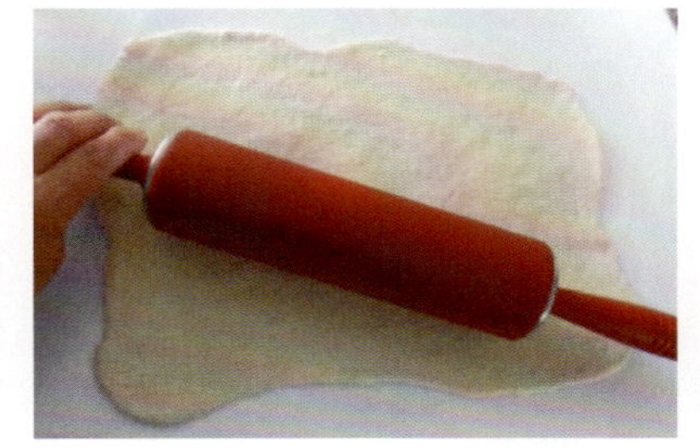

- Den Teig dünn ausrollen.
- Die Pizza laut Rezept weiterverarbeiten.

Pizza

Zutaten

Pizzateig selbst machen (siehe S. 97) oder kaufen.

1 Dose passierte Tomaten

Salz und Pfeffer

Oregano und Basilikum oder fertiges Pizzagewürz

Knoblauch

Ca. 200 g Pizzakäse, selbst gerieben, oder in der Packung, fertig gerieben.

Salami

Schinken

Paprika

Oliven

Champignons

Zubereitung

Den Pizzateig ausrollen.

- Die Tomaten in ein Gefäß geben.
- Mit Salz und Pfeffer würzen.

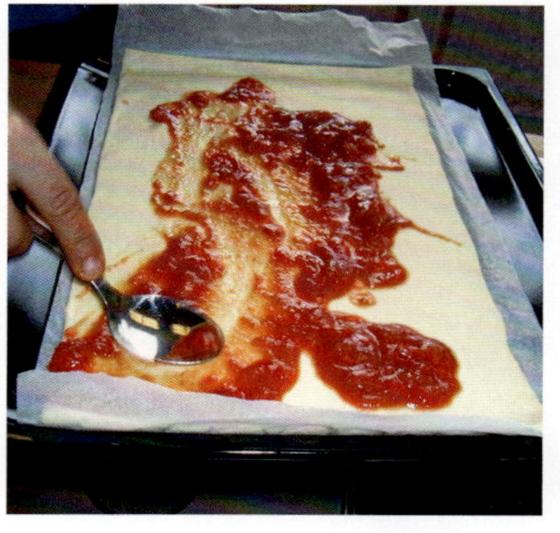

Den Teig auf ein Blech legen und mit der Tomatensoße bestreichen.

Die Wurst und den Schinken in Stücke schneiden.

Paprika waschen, entkernen und würfelig schneiden.

Die Zutaten je nach Geschmack auf dem Teig verteilen.

Mit Käse und Pizzagewürz bestreuen.

Bei 180 °C ca. 20 min im Backrohr backen.

Portionieren und genießen.

Tortillas

Zutaten

1 Zwiebel, 2 Knoblauchzehen

2 Paprika

2 Karotten

1 kleine Dose Gemüsemais

2–3 EL Olivenöl

400 g Faschiertes (Hackfleisch)

2 EL Tomatenmark,
1 Dose passierte Tomaten

Salz, Pfeffer, etwas Zucker, 1 TL Cayennepfeffer, 1 Glas Tacosoße

Fertige Tortillas

1 Kopfsalat

2 Tomaten

Käse und Sauerrahm nach Geschmack

Zubereitung

Zwiebel und Knoblauch klein schneiden.

Das Gemüse waschen, schälen und klein schneiden.

Den Mais abgießen und abspülen.

Olivenöl erhitzen, Zwiebel und Knoblauch darin anrösten.

Das Faschierte (Hackfleisch) mitrösten.

Tomatenmark und die passierten Tomaten dazugeben.

Das Gemüse unterrühren.

- Mit Salz, Pfeffer, Zucker, Cayennepfeffer und etwas Tacosoße würzen.
- Die Soße 15 min kochen lassen und öfters umrühren.

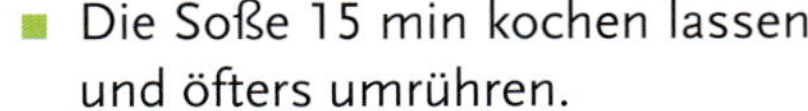

Die Tortillas laut Packungsanweisung erwärmen.

Salatblätter, geschnittene Tomaten, geriebenen Käse, Sauerrahm und Tacosoße vorbereiten.

Die Tortillas nach Wunsch füllen.

Dann einrollen und genießen.

Chinapfanne

Zutaten

600 g Putenfleisch

6 EL Sojasoße

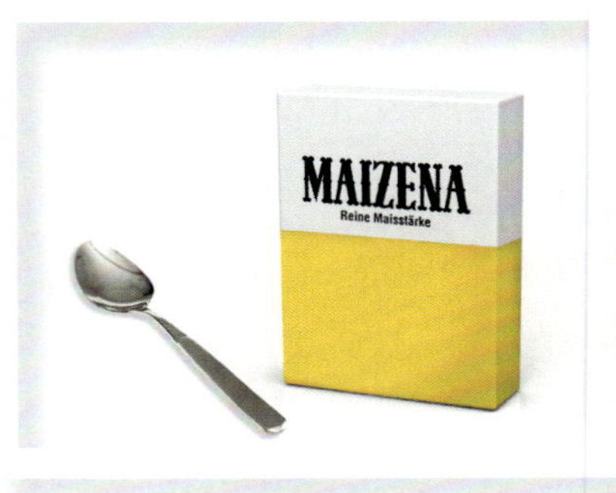

1 EL Maizena

1 Zwiebel

3 EL Öl zum Anrösten

1 Glas (300 g) chinesisches Mischgemüse

1 walnussgroßes Stück Ingwer (frisch oder Pulver)

400 ml Kokosnussmilch

Salz und Pfeffer

Gewürze nach Geschmack, wie z. B. Curry, Koriander, Zitronengras

1 kleine Dose Ananas oder Obstmischung

Natürlich kann man statt dem chinesischen Mischgemüse auch frisches Gemüse wie Karotten, Zucchini und Lauch verwenden.

Zubereitung

Das Fleisch in Würfel schneiden.

- Mit Maizena und Sojasoße mischen.
- Ziehen lassen.

Die Zwiebel schälen und schneiden.

Öl in eine Pfanne (einen Wok) geben und Zwiebel anrösten.

Das Fleisch mitrösten.

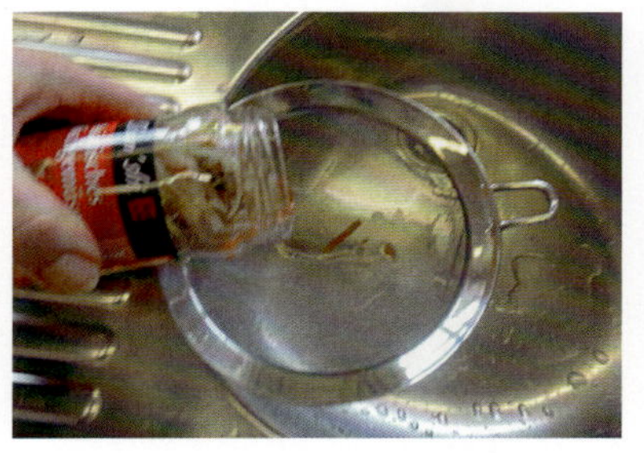

Das chinesische Mischgemüse abseihen.

Das Gemüse zugeben.

Den Ingwer reiben und kurz mitrösten.

Mit Kokosnussmilch aufgießen.

Nach Geschmack würzen, kurz kochen lassen.

Zum Schluss das Obst beimengen.

Mit Reis (siehe Seite 123) servieren.

Chili con Carne

Zutaten

500 g Faschiertes (Hackfleisch)

1 Zwiebel

Knoblauch

3 EL Öl zum Braten

Tomatenmark

1 Dose (400 g passierte) Tomaten

Salz, Pfeffer

1 EL Essig

Paprikapulver, Chilipulver, etwas Zucker

Evtl. Chilischote

1 Dose rote Indianerbohnen

Zubereitung

- Die Zwiebel schälen und klein schneiden.
- Den Knoblauch pressen.

- Öl in einem Topf erhitzen.
- Zwiebel und Knoblauch darin anrösten.

Das Fleisch dazugeben und mitrösten.

Etwas Tomatenmark kurz mitrösten.

- Passierte Tomaten beimengen.
- Eventuell etwas Wasser dazugeben.

- Nach Geschmack würzen und köcheln lassen.
- Evtl. 1 Chilischote mitkochen.

Die Bohnen abgießen und abspülen.

Die Bohnen dazugeben und kurz kochen lassen.

Anrichten und genießen.

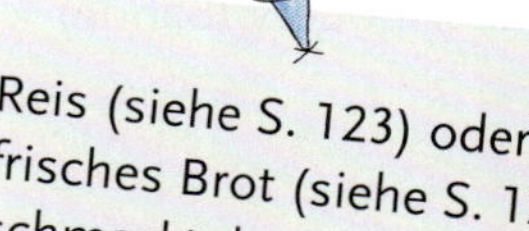

Reis (siehe S. 123) oder frisches Brot (siehe S. 120) schmeckt dazu sehr lecker.

Hackbällchen mit Currysoße

Zutaten

1 Semmel

Ca. 1/2 l Wasser

Ein paar geschälte Mandeln

1 Zwiebel

1 Ei

500 g Faschiertes (Hackfleisch)

Salz und Pfeffer

1 Prise Kümmel

1 TL Currypulver

1 Becher Schlagobers (Sahne)

1 EL Maizena

1 Suppenwürfel

Zubereitung

Semmel in kaltem Wasser einweichen.

Mandeln grob hacken.

Zwiebel klein schneiden.

- Semmel aus dem Wasser nehmen und gut ausdrücken.
- Semmel grob schneiden.

Faschiertes (Hackfleisch), Semmel, Zwiebel, Ei und ein wenig von den gehackten Mandeln miteinander vermengen.

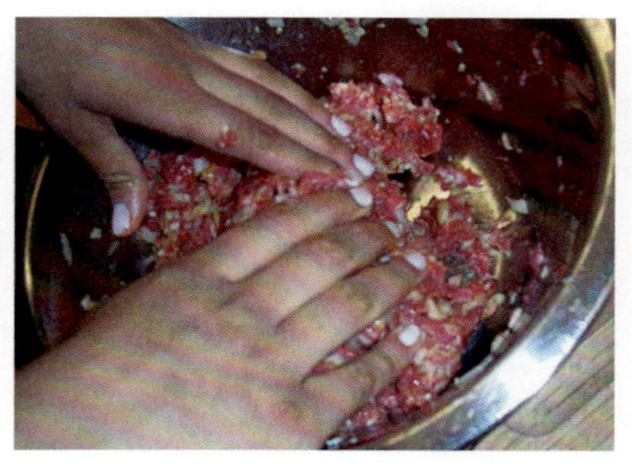

Mit Salz, Pfeffer und Kümmel würzen und gut vermischen.

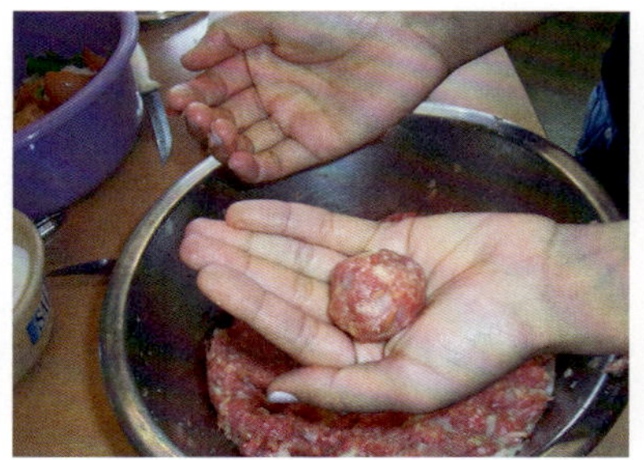

Aus der Masse Bällchen formen.

- Öl in einer Pfanne erhitzen.
- Fleischbällchen anbraten und öfters wenden.

Curry und Mandeln dazugeben.

Mit Wasser aufgießen.

Schlagobers mit Maizena mischen.

Obers-Maizena-Mischung einrühren und würzen, mit Reis servieren.

Überbackener Fisch

Zutaten

8–10 Fischfilets (z. B. Polardorsch)

Saft von 1–2 Zitronen

Salz und Peffer

Etwas Butter zum Einfetten der Auflaufform

1 Bund Petersilie

40 g Butter

2 EL Mehl

1/4 l Milch

2 EL Parmesan, selbst gerieben, oder fertig gerieben im Päckchen

Semmelbrösel

Zubereitung

- Den Fisch mit Salz und Pfeffer würzen.
- Mit Zitronensaft beträufeln.

- Butter in einer Pfanne erhitzen.
- Den Fisch darin anbraten.

- Eine Auflaufform mit Butter einfetten.
- Den Fisch hineinlegen.

Petersilie fein hacken.

- Butter in einem Topf erhitzen.
- Das Mehl darin leicht anrösten.

Die Milch dazugießen und aufkochen lassen.

- Parmesan und gehackte Petersilie dazugeben.
- Nach Geschmack würzen.

Den Fisch mit der Soße übergießen.

Mit Semmelbröseln bestreuen.

Bei 200 °C ca. 20 min überbacken.

Anrichten und genießen.

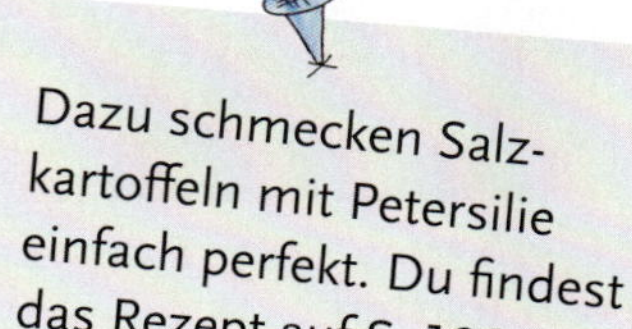

Dazu schmecken Salzkartoffeln mit Petersilie einfach perfekt. Du findest das Rezept auf S. 126.

Schinken-Käse-Toast

Zutaten

Toastbrot

Schinken (pro Toast ein Blatt)

Toastkäse (pro Toast ein Blatt)

Zubereitung

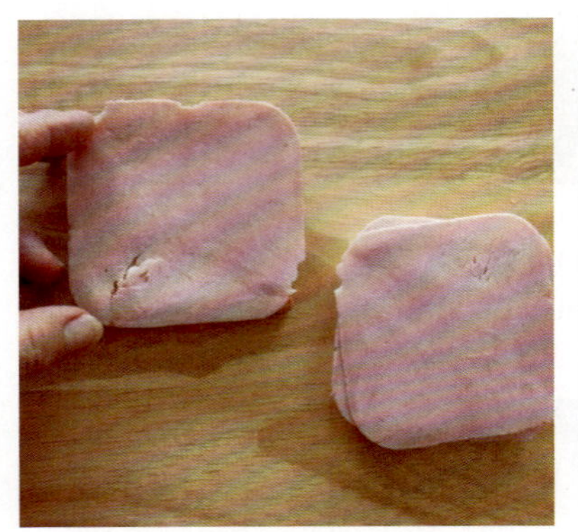

Toastbrot mit Schinken belegen.

Käse darauflegen, evtl. Gewürze darauf verteilen.

Mit einer zweiten Brotscheibe bedecken.

Ab in den Toaster!

Anrichten und genießen.

Riebel (Spezialität aus Vorarlberg)

Zutaten

1 Becher Schlagobers (Sahne)

2 große Tassen Milch

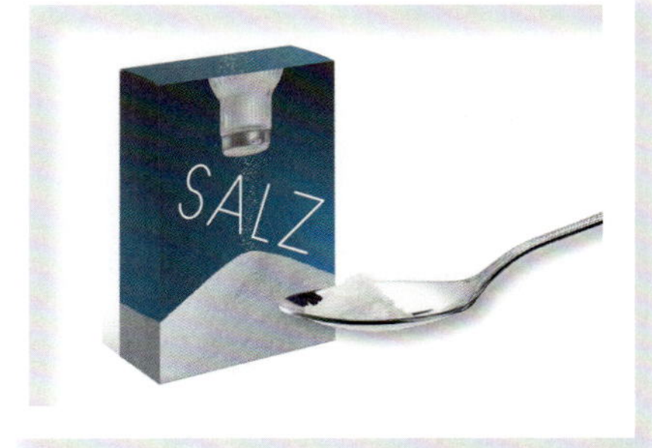

1 knapper TL Salz

2 große Tassen Grieß

Zubereitung

Obers, Milch und Salz in einem Topf aufkochen lassen.

Den Grieß dazugeben, mit einem Schneebesen gut verrühren.

Die Masse stocken lassen.

In einer Bratpfanne fein zerstoßen.

Anrichten und am besten mit Kompott (siehe S. 134) servieren.

Grießauflauf

Zutaten

3/4 l Milch

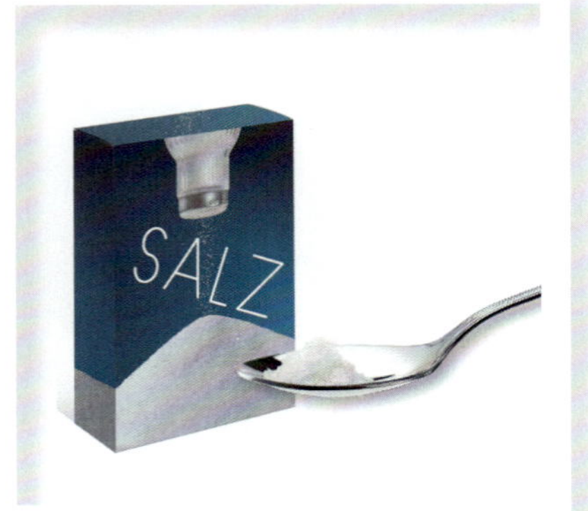

Knapp 1 TL Salz

200 g Grieß

2 Eier

50 g weiche Butter

3 EL Zucker

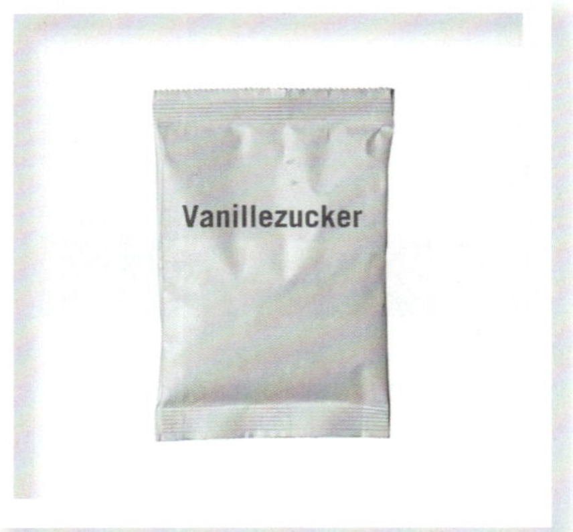

1 P. Vanillezucker

Fett und Brösel für die Form

Zubereitung

Milch und Salz aufkochen lassen.

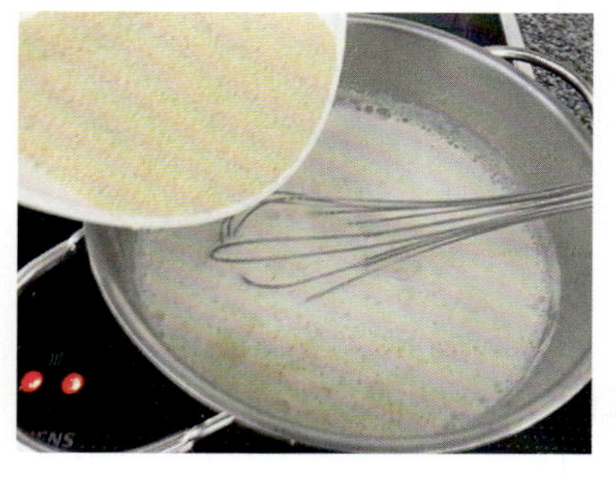

Den Grieß einrühren.

Die Masse etwas auskühlen lassen.

Eier trennen.

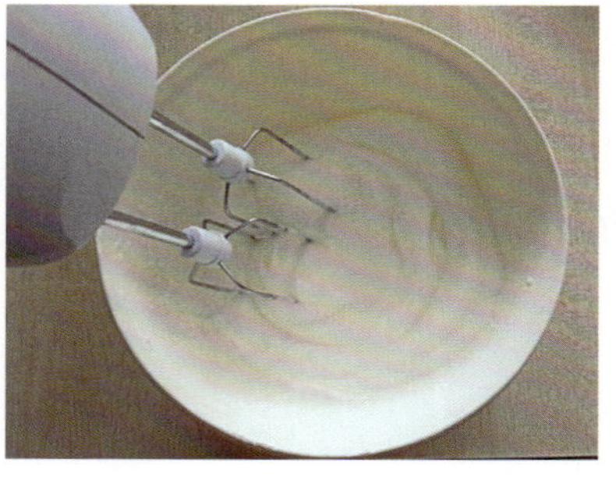

Das Eiweiß zu Schnee schlagen.

Butter, Zucker, Vanillezucker und Dotter schaumig rühren.

Die ausgekühlte Grießmasse unterrühren.

Den Schnee vorsichtig unterheben.

Die Masse in die befettete und mit Bröseln ausgestreute Form geben.

Den Auflauf bei 180 °C 30 min backen.

Der Auflauf ist fertig, wenn er leicht braun wird.

Anrichten und am besten mit Kompott (siehe S. 134) servieren.

Überbackene Palatschinken

Zutaten für den Teig

250 g Mehl

Etwas Salz

Ca. 1 l Milch

2 Eier

Fett oder Öl zum Backen

Zutaten für die Fülle

500 g Topfen

3 EL Zucker

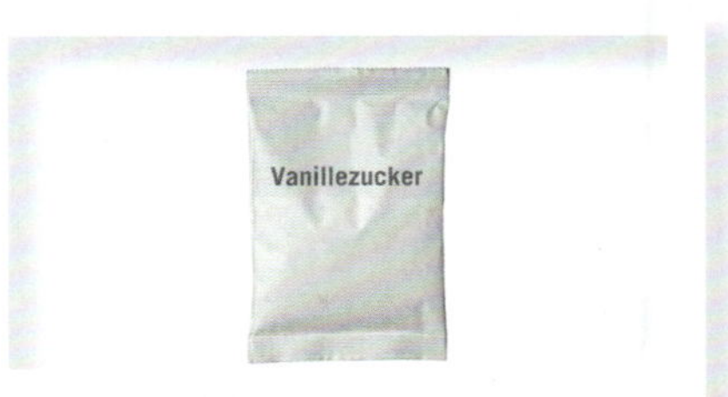

1 P. Vanillezucker

1 Ei

50 g Rosinen

Etwas Zitronensaft

Zutaten für den Überguss

1 Ei

1/8 l Milch

1 P. Vanillezucker

Zubereitung

Mehl, Salz, gut 1/2 l Milch und 2 Eier mit dem Schneebesen verrühren.

Butter oder Öl in einer Pfanne erhitzen.

Einen kleinen Schöpfer Teig in die Pfanne geben und verteilen.

Die Palatschinken auf beiden Seiten hellbraun backen.

Für die **Fülle** Topfen, Zucker, 1 P. Vanillezucker und 1 Ei vermischen.

Zum Schluss die Rosinen unterheben.

Die Palatschinken mit der Fülle bestreichen und einrollen.

Die Palatschinken in eine feuerfeste Form schichten.

Für den **Überguss** 1 Ei, 1/8 l Milch und 1 P. Vanillezucker verrühren.

Den Überguss über die Palatschinken verteilen.

Bei 170 °C ca. 30 min backen.

Anrichten und mit Kompott (siehe S. 134) servieren.

Obstknödel aus Topfenteig

Zutaten

500 g Topfen

2 Eier

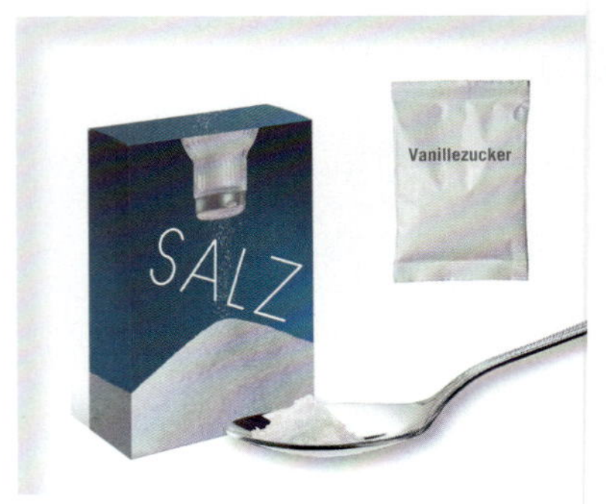

1/2 TL Salz, 1 P. Vanillezucker

60 g weiche Butter

200 g Mehl, 100 g Grieß

Ca. 15 Marillen oder anderes Obst

Ca. 15 Würfelzucker

100 g Butter

ca. 150 g Brösel

2 EL Zucker

Evtl. Zimt

Zubereitung

Topfen, Eier, Vanillezucker und Salz vermischen

Butter, Mehl und Grieß dazugeben und gut verrühren.

Zu einem glatten Teig kneten und etwas rasten lassen.

Den Teig in gleich große Stücke teilen.

Die Marillen waschen, entsteinen und einen Würfelzucker einlegen.

Die Marillen mit Teig umhüllen und gut verschließen.

Die Knödel auf eine bemehlte Arbeitsfläche legen.

Die Knödel in wallendem Salzwasser 10 min kochen lassen.

In der Zwischenzeit Brösel in heißer Butter anrösten.

Die fertigen Knödel in den Butterbröseln drehen.

Anrichten, mit Zucker (kann mit Zimt verfeinert werden) bestreuen.

Bewertung der Hauptspeisen

Beilagen

Brot

Zutaten

1 kg Mehl (Weißmehl, glattes oder helles Dinkelmehl)

2 TL Salz

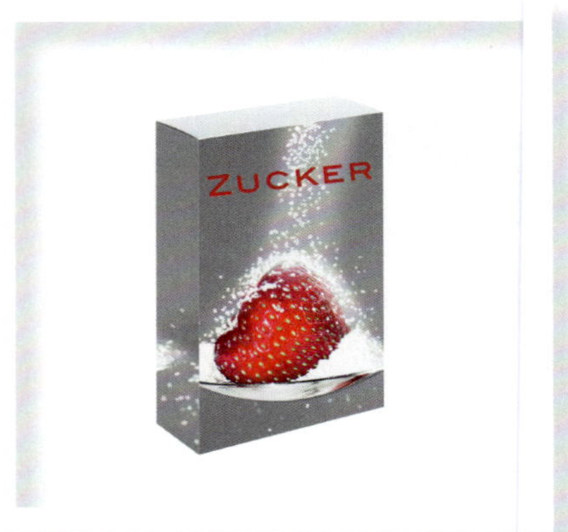

1 Prise Zucker

1 Würfel Hefe (Germ)

1/2 l Wasser

Grobes Salz, Mohn, Sesam etc. zum Bestreuen

Zubereitung

Mehl, Salz und Zucker in einer großen Schüssel mischen.

Die Hefe hineinbröseln und alles verrühren.

Lauwarmes Wasser dazugießen und mit dem Kochlöffel verrühren.

Den Teig mit den Händen glatt kneten und in eine Schüssel geben.

Zudecken und an einem warmen Ort gehen lassen, bis der Teig doppelt so hoch ist.

- Den Teig nochmals durchkneten.
- Dann wieder aufgehen lassen.

Den Teig in Stücke teilen und nach Wunsch formen.

Die fertigen Stücke auf ein Blech legen und mit Wasser bestreichen.

Nach Geschmack mit grobem Salz oder mit Körnern bestreuen.

Das Brot ca. 20 min bei 180 °C im Backrohr backen.

Am besten frisch genießen.

Nudeln

Zutaten

3 l Wasser

Salz

400 g Nudeln

Zubereitung

Das Wasser in einen Topf gießen und aufkochen lassen.

Salz beifügen.

Die Nudeln hineingeben und kochen lassen.

Den Topf nicht mehr zudecken, öfters umrühren.

Die fertigen Nudeln abseihen.

Reis

Zutaten

2 Tassen Reis

4 Tassen Wasser

1 TL Salz
1/2 Suppenwürfel

Zubereitung

Wasser in einen Topf gießen und zum Kochen bringen.

Salz und Suppenwürfel beifügen.

Den Reis dazugeben.

Einmal umrühren.

Zugedeckt auf kleiner Stufe 15–20 min kochen lassen.

Den Reis anrichten.

Gemüsereis

Zutaten

Gemüse nach Wahl,
wie z. B. Karotten, Paprika,

Zucchini

und Lauch

1 1/2 Tassen Reis

3 Tassen Wasser

1 TL Salz
1/2 Suppenwürfel

Zubereitung

Das Gemüse waschen und wenn nötig schälen (wie z. B. Sellerie).

Das Gemüse klein schneiden oder fein raffeln.

Salz und Suppenwürfel in kochendes Wasser geben.

Reis dazugeben.

Das Gemüse zum Reis geben und verrühren.

Auf kleiner Stufe 20 min zugedeckt kochen lassen.

Kartoffelpüree

Zutaten

1 kg mehlige Kartoffeln

50 g Butter

Etwas geriebene Muskatnuss

Ca. 1/4 l Milch

Salz nach Geschmack

Zubereitung

Die Kartoffeln waschen und schälen.

In kleine Stücke schneiden.

Wasser zum Kochen bringen, salzen und die Kartoffeln weich kochen.

Das Wasser abgießen und die Kartoffeln in eine Schüssel geben.

Die Kartoffeln stampfen oder mit der Kartoffelpresse pressen.

Butter und Muskatnuss beifügen.

Heiße Milch darübergießen.

Mit dem Mixer oder dem Schneebesen gut vermengen.

Salzkartoffeln

Zutaten

1 kg speckige Kartoffeln

Salz, 1 Bund Petersilie

30 g Butter

Zubereitung

Die Kartoffeln waschen und schälen.

Die geschälten Kartoffeln in kaltes Wasser legen.

Die Kartoffeln in größere Würfel schneiden.

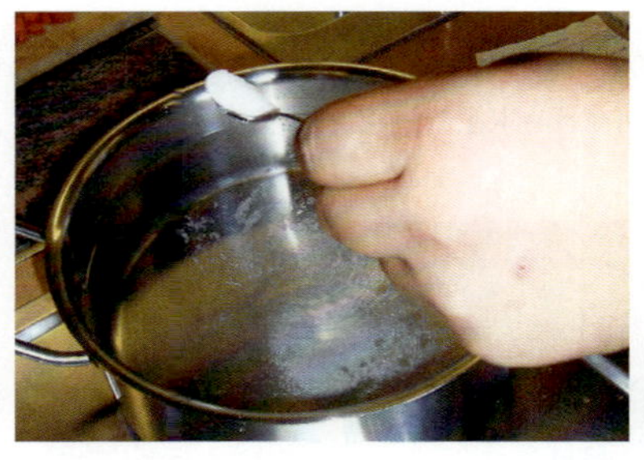

Wasser zum Kochen bringen und salzen.

Die Kartoffeln dazugeben und weich kochen lassen.

Die Petersilie fein hacken.

Wasser abgießen, Butter und Petersilie dazugeben.

Anrichten und genießen.

Buntes Gemüse

Zutaten

4–5 Karotten

1 Kohlrabi

Kohlsprossen

30 g Butter

1/2 Bund Petersilie oder andere Kräuter

Salz und Pfeffer

Zubereitung

Karotten waschen, schälen und in Stifte schneiden.

Kohlrabi schälen und in Stifte schneiden.

Kohlsprossen waschen, putzen und halbieren.

Das Gemüse in wenig Salzwasser dünsten.

Petersilie oder andere Kräuter hacken.

Das Wasser abgießen und mit Butter und Kräutern verfeinern.

Tiefkühlgemüse zubereiten

Zutaten

1 Pkg. tiefgekühltes Gemüse nach Wahl

1 TL Salz

30 g Butter

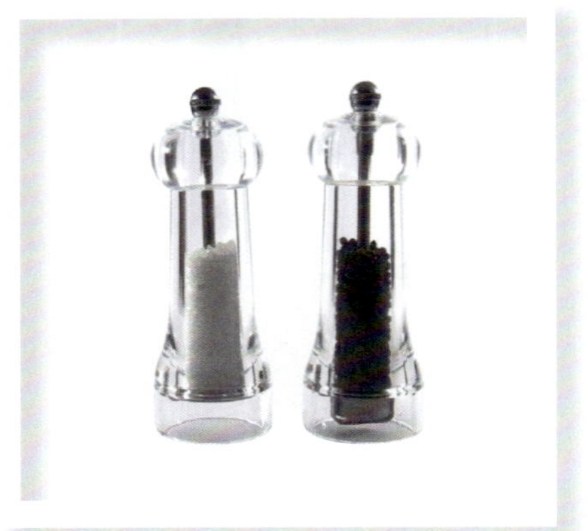

Salz und Pfeffer

Frische Kräuter

Falls du keine frischen Kräuter zur Hand hast, kannst du auch mit Kräutersalz würzen.

Zubereitung

Das Gemüse in kochendem Salzwasser weich kochen.

Das Wasser abgießen.

Das Gemüse mit Butter und Kräutern nach Geschmack würzen.

Karottengemüse

Zutaten

800 g Karotten

50 g Butter

1 TL Salz

Petersilie

Kräutersalz

Zubereitung

Karotten waschen und schälen.

Karotten in Stifte schneiden.

Butter in einem Topf erhitzen.

- Karotten, Salz und etwas Wasser zugeben.
- Deckel auf den Topf und dünsten lassen.

Petersilie fein hacken.

Mit Kräutersalz und Petersilie verfeinern.

Blaukraut

Zutaten

1 Zwiebel

ca. 700 g Blaukraut

40 g Butter

1 EL Zucker

1 EL Essig

Ca. 1/4 l Wasser

Salz, Pfeffer, Kümmel

1 EL Mehl

1 Apfel

Zubereitung

Die Zwiebel schälen und klein schneiden.

Das Kraut vierteln und den Strunk herausschneiden.

Das Kraut fein hobeln.

- Butter erhitzen.
- Zwiebel und Zucker hellbraun anrösten.

- Das Kraut dazugeben,
- mit Essig ablöschen,
- etwas Wasser dazugießen.

Blaukraut würzen und kochen lassen, bis das Wasser fast verdunstet ist.

Mit Mehl stauben, umrühren und mit wenig Wasser aufgießen.

Den Apfel waschen, schälen und fein raffeln.

Den Apfel in das Blaukraut rühren, alles weich kochen lassen.

Sauerkraut

Zutaten

1 Zwiebel

40 g Butter zum Anrösten

500 g Sauerkraut

1 Lorbeerblatt

1 Kartoffel

Zubereitung

Zwiebel klein schneiden.

Zwiebel hell anrösten.

Sauerkraut, Wasser und Lorbeerblatt dazugeben.

Kartoffel waschen, schälen und fein reiben.

Geriebene Kartoffel zum Kraut geben und unterrrühren.

Etwas köcheln lassen.

Nachspeisen

Kompott

Zutaten

Ca. 1 kg Äpfel

1/2 l Wasser

2–3 EL Zucker
1–2 Zimtstangen, Nelken

Zubereitung

Die Äpfel waschen und schälen.

Die Äpfel vierteln, das Kernhaus entfernen, Spalten schneiden.

Die Äpfel in kaltes Wasser legen, damit sie nicht braun werden.

Wasser, Äpfel, Zucker, Zimtstange und Nelken in einen Topf geben.

Die Äpfel weich kochen lassen.

Auskühlen lassen und anrichten.

Kompott kann auch mit anderen Früchten zubereitet werden, wie z. B. Zwetschken und Birnen.

Apfelmus

Zutaten

6–7 Äpfel

1/4 l Wasser

Zucker nach Geschmack

2–3 Nelken

Gemahlener Zimt oder Zimtstange

Saft 1/2 Zitrone

Zubereitung

Die Äpfel waschen.

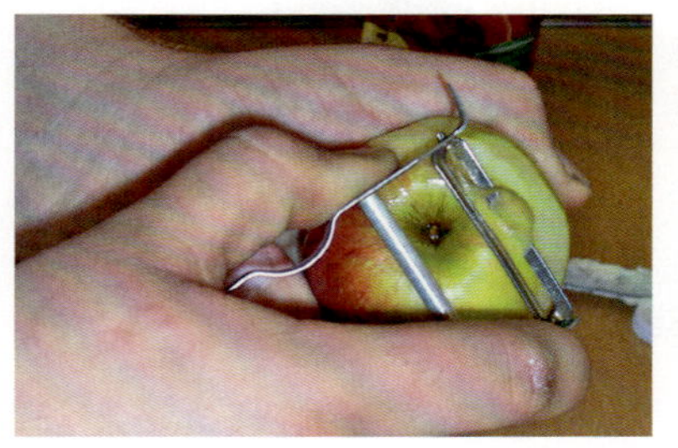

Die Äpfel schälen, Gehäuse entfernen und in Stücke schneiden.

Äpfel, Zucker und Gewürze in einen Topf geben.

Mit Wasser aufgießen und kochen lassen.

- Topf vom Herd nehmen, Nelken und Zimtstange entfernen und mit dem Stabmixer fein pürieren.
- Mit Zitronensaft und evtl. Zucker abschmecken.

Anrichten und genießen.

Obstsalat

Zutaten

Äpfel

Birnen

Kiwis

Orangen

Bananen

Erdbeeren

Pflaumen oder Zwetschken

Saft einer Zitrone

2 EL Zucker oder Honig (bei Bedarf)

Du kannst beim Obstsalat natürlich auch andere Obstsorten verwenden.

Zubereitung

Das Obst waschen, schälen und in kleine Stücke schneiden.

Alles in eine Schüssel geben und mit Zitronensaft vermischen.

- Bei Bedarf mit Zucker oder Honig süßen.
- Anrichten und genießen.

Fruchtspieße

Zutaten

Holzspieße

Obst nach Geschmack:
z. B. Äpfel und Birnen

Melone

Pflaumen

Erdbeeren

Kiwis

Weintrauben

Zitrone

Wenn die Fruchtspieße nicht gleich gegessen werden, träufle den Saft einer Zitrone darüber. So verhinderst du, dass sich manches Obst braun verfärbt.

Zubereitung

- Das Obst waschen.
- Wenn nötig schälen.

Das Obst in kleine Stücke schneiden.

Abwechselnd auf Holzspieße stecken.

Fruchtmilchshake

Zutaten

Ca. 400 g Erdbeeren
auf einen Liter Milch

2 Bananen

1–2 l Milch

Honig oder Zucker (bei Bedarf)

Zubereitung

Die Erdbeeren waschen und in Stücke schneiden.

Die Bananen schälen, schneiden und dazugeben.

Das Obst in einer Schüssel mit dem Stabmixer pürieren.

Die Milch mit dem Obst vermischen, bei Bedarf mit Honig oder Zucker süßen.

In Gläser gießen.

Pudding

Zutaten

1/2 l Milch

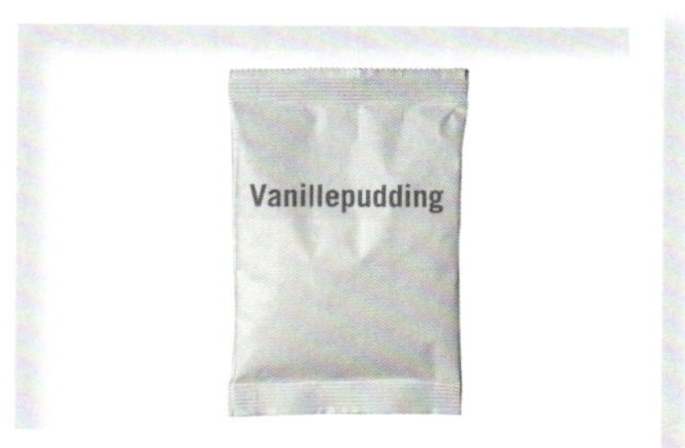

1 Pkg. Vanille- oder Schokoladenpudding

2 EL Zucker

Zubereitung

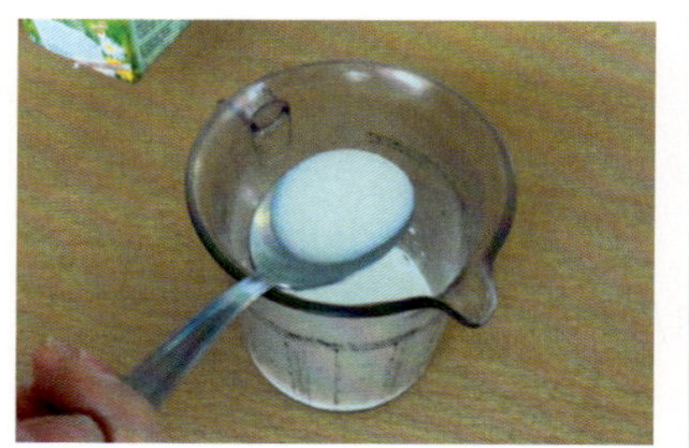

6 EL Milch in ein Gefäß geben.

Die Milch mit dem Puddingpulver glatt rühren.

Restliche Milch mit dem Zucker aufkochen lassen.

Die Puddingformen oder Glasschalen kalt ausspülen.

Die Puddingmasse unter ständigem Rühren in die kochende Milch eingießen.

Solange weiterrühren, bis der Pudding aufkocht.

In Glasschalen oder Puddingformen gießen.

Den Pudding auskühlen lassen und dann auf einen Teller stürzen.

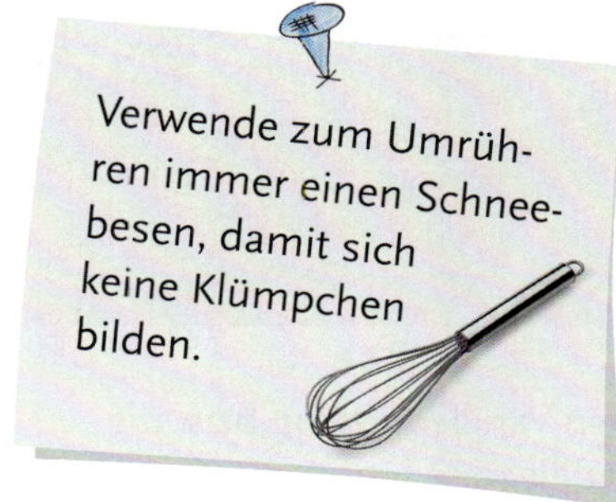

Gefüllte Äpfel mit Vanillesoße

Zutaten

Äpfel

Ca. 1/4 l Wasser

2 EL Zucker, Zimt, Nelken

Marmelade

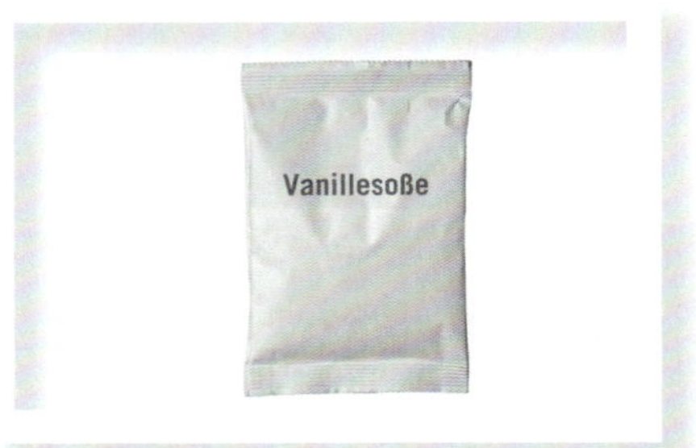

1 Pkg. Vanillepudding oder -soße

1/2 l Milch

Zubereitung

- Die Äpfel waschen und schälen,
- Das Kerngehäuse mit einem Kerngehäuse-Ausstecher entfernen.

Die Äpfel mit etwas Wasser, Zucker, Zimt und Nelken weich dünsten.

Die Äpfel auf einen Teller stellen und die Löcher mit Marmelade füllen.

Den Vanillepudding bzw. die Vanillesoße laut Packungsanweisung zubereiten.

Den Pudding bzw. die Soße auf den Äpfeln verteilen.

Anrichten und genießen.

Bananenjoghurt

Zutaten

1 großer Becher (500 g) und 1 kleiner Becher (250 g) Naturjoghurt

Etwas Zitronensaft (ca. 1 TL)

2 EL Zucker

3 Bananen

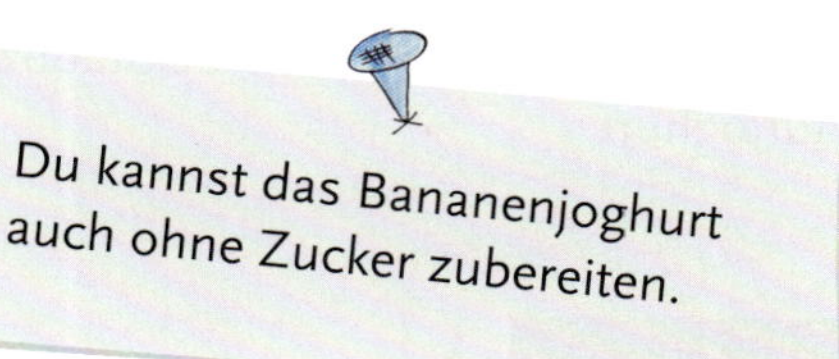

Zubereitung

Das Joghurt in eine Schüssel geben.

Die Zitrone auspressen und zusammen mit dem Zucker unterrühren.

Die Bananen schälen, längs halbieren und in Scheiben schneiden.

Die Bananenstücke zum Joghurt geben.

Das Joghurt mit den Bananen vermischen.

Das Joghurt in Glasschüsseln anrichten und mit Bananenscheiben garnieren.

Apfelmus-Tiramisu

Zutaten

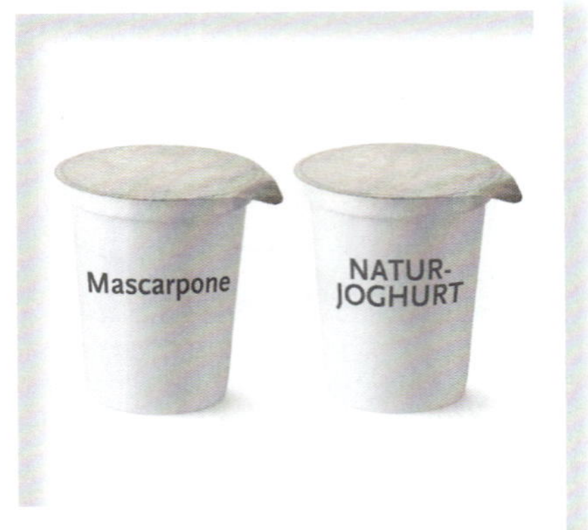

250 g Mascarpone
1 kleiner Becher Naturjoghurt (250 g)

1–2 EL Staubzucker

1 Becher (250 ml) Schlagobers (Sahne)

Ca. 50 Stück Biskotten

Selbstgemachtes Apfelmus (siehe S. 135) oder 1 Pkg. fertiges Apfelmus

Kakao zum Bestreuen

Zubereitung

Mascarpone, Joghurt und Zucker verrühren.

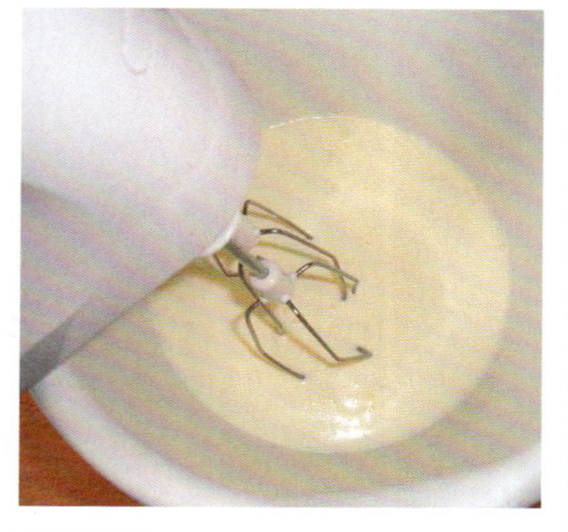

Das Schlagobers schlagen.

Schlagobers vorsichtig unter die Mascarpone-Mischung heben.

Eine Lage Biskotten in eine Form legen.

Mit Apfelmus bedecken.

Eine Schicht Mascarpone-Creme darauf verteilen.

Dann wieder abwechselnd Biskotten, Apfelmus und Creme verteilen.

Im Kühlschrank 3–4 Stunden kalt stellen (noch besser über Nacht).

Mit Kakao bestreuen und genießen.

Apfel-Topfencreme

Zutaten

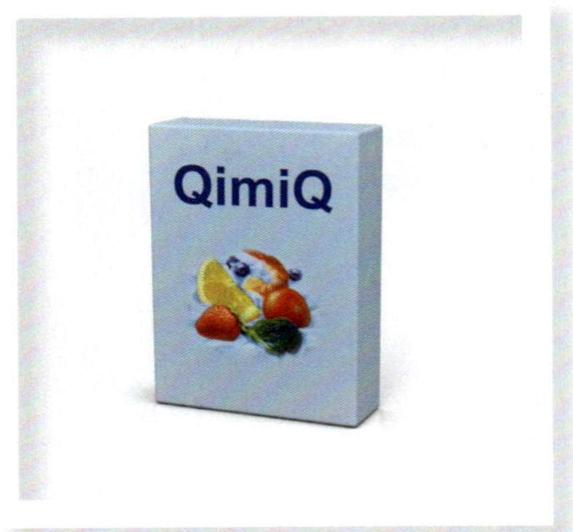

125 g Qimiq

1 Pkg. Topfen (250 g)

Saft einer halben Zitrone

1/8 l Apfelsaft

1–2 EL Zucker

Nelkenpulver

Etwas Zimt

3 Äpfel

Zubereitung

Qimiq und Topfen verrühren.

Zitrone auspressen.

Zitronen- und Apfelsaft dazuleeren und verrühren.

Zucker (oder Honig), Nelkenpulver und Zimt dazugeben.

Die Äpfel waschen und schälen.

Äpfel in Viertel schneiden, Kerngehäuse entfernen.

Die Äpfel hobeln.

Die Äpfel der Creme beimengen.

Die Creme in Schüsseln anrichten.

Topfencreme mit Früchten

Zutaten

1 Pkg. Topfen (250 g)

Etwas Milch oder Mineralwasser

2 EL Zucker

1 Becher Schlagobers (Sahne)

Obst nach Wahl (z. B. Äpfel, Bananen, Orangen, Himbeeren, Brombeeren, Heidelbeeren)

Zubereitung

Den Topfen und die Milch in eine Schüssel geben.

Mit dem Schneebesen glatt rühren.

Den Zucker dazugeben.

Das Schlagobers schlagen.

Schlagobers vorsichtig mit dem Topfen vermischen.

Das Obst waschen.

Das Obst schälen und klein schneiden.

Das Obst mit der Creme vermengen.

Creme in Schalen anrichten und mit Fruchtstückchen garnieren.

Bewertung der Nachspeisen

Gericht	Das schmeckt mir.	Es geht so.	Das schmeckt mir gar nicht.

Kuchen

Apfelstrudel

Zutaten

1 kg Äpfel

3 EL Zucker

Saft einer Zitrone

Zimt, Nelkenpulver

Rosinen

3 EL Semmelbrösel

1 Pkg. Strudelteig

Butter zum Bestreichen

Staubzucker zum Bestreuen

Zubereitung

Äpfel waschen und schälen.

Äpfel vierteln und das Kerngehäuse entfernen.

Die Äpfel hobeln oder dünn schneiden.

Zucker, Zitronensaft, Zimt, Nelkenpulver, Rosinen und Brösel dazumengen.

Eine Lage Strudelteig mit Butter bestreichen und mit der zweiten Lage bedecken.

- Die Fülle auf 2/3 des Teiges verteilen.
- Seiten einschlagen und einrollen.

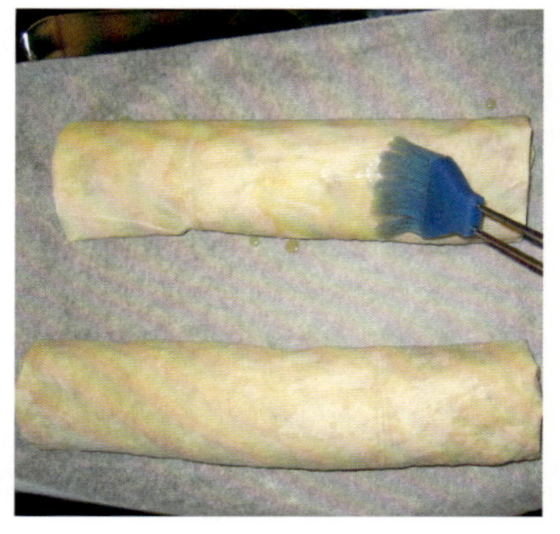

Den Strudel auf ein Blech setzen und mit geschmolzener Butter bestreichen.

Bei 200 °C Ober- und Unterhitze ca. 30 min backen.

Mit Staubzucker bestreuen, anrichten und schmecken lassen.

Apfelkuchen

Zutaten

100 g Butter

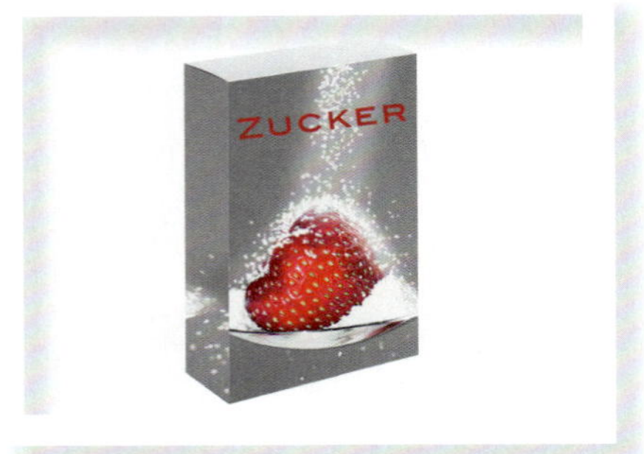

100 g Zucker

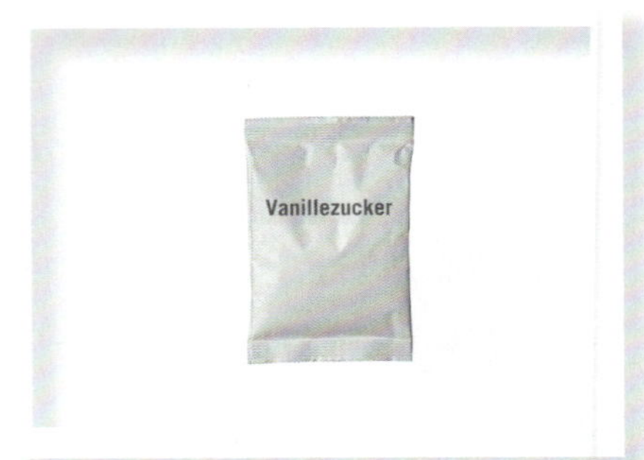

1 P. Vanillezucker

3 Eier

200 g Mehl

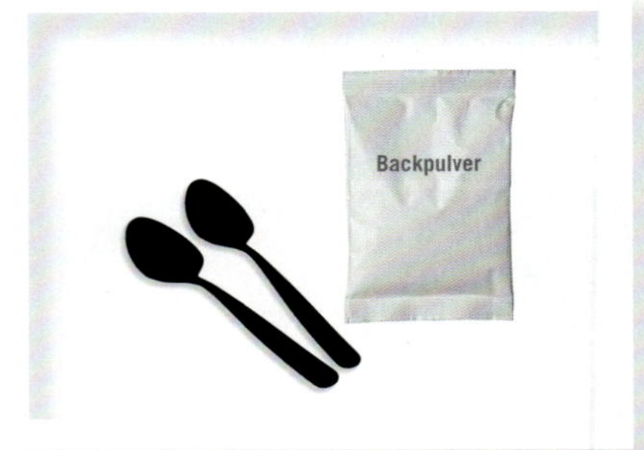

2 TL Backpulver

2 EL Milch

500 g Äpfel

Etwas Butter und Mehl für die Tortenform

Zutaten für Streusel

70 g Mehl, etwas Zimt

30 g Butter

30 g Zucker

Zubereitung

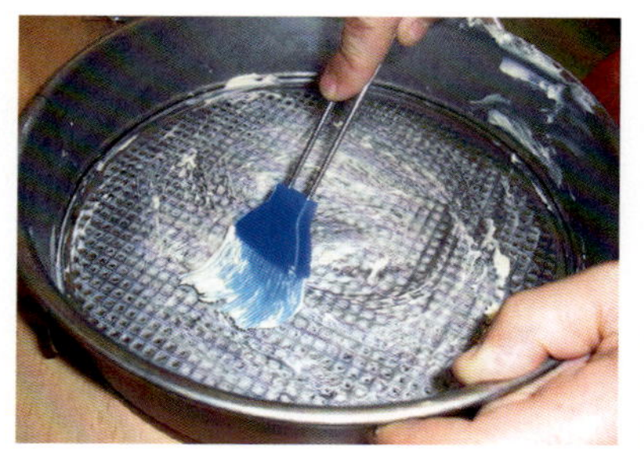
Die Form einfetten und bemehlen.

Für den **Rührteig** Butter, Zucker, Vanillezucker und Eier flaumig rühren.

Mehl und Backpulver miteinander vermischen.

Mehl zusammen mit der Milch zum Abtrieb geben und verrühren.

Die Masse in die Form geben.

Die Äpfel waschen, schälen, entkernen und in schmale Spalten schneiden.

Die Äpfel auf den Teig legen.

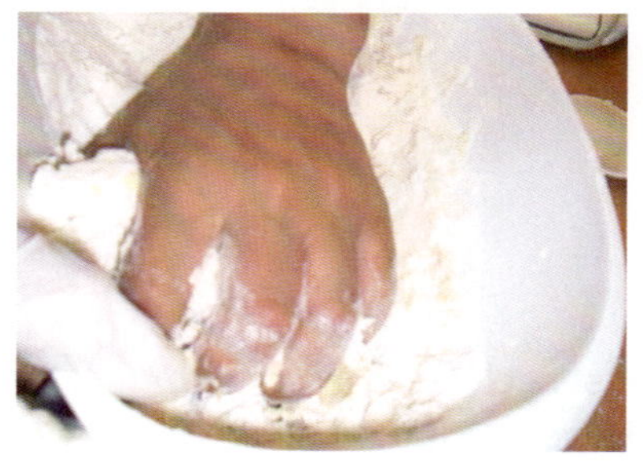
Für die **Streusel** alle Zutaten vermengen und fein abbröseln.

Die Streusel über den Kuchen streuen.

Bei 180 °C ca. 40 min backen.

Anrichten und genießen.

Obstkuchen

Zutaten

Etwas Butter und Mehl
für die Tortenform

2 Eier

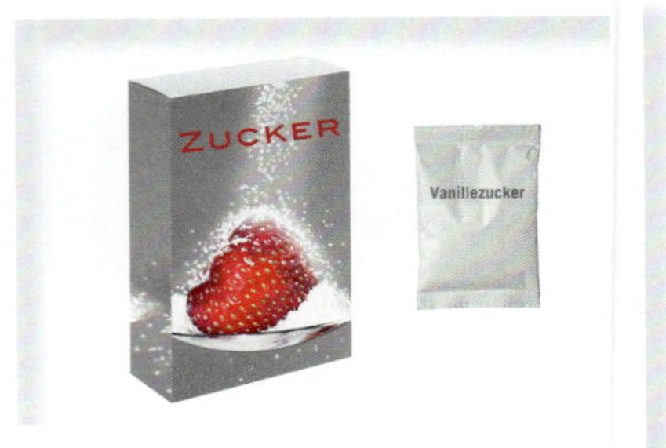

90 g Zucker
1 P. Vanillezucker

90 g glattes Mehl

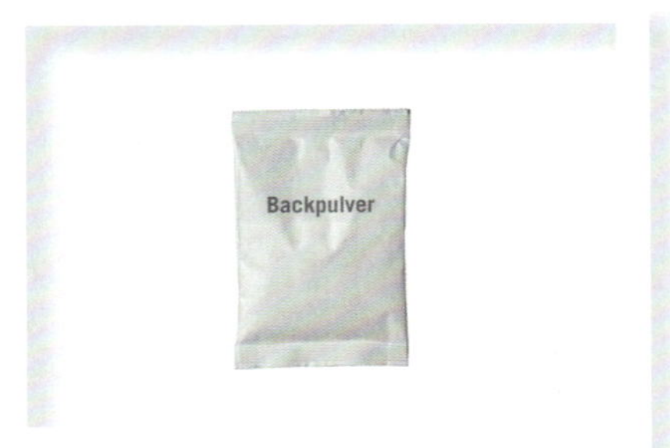

1/2 P. Backpulver

3 EL Öl

Marmelade zum Bestreichen

Obst nach Geschmack zum
Belegen, z. B. Erdbeeren

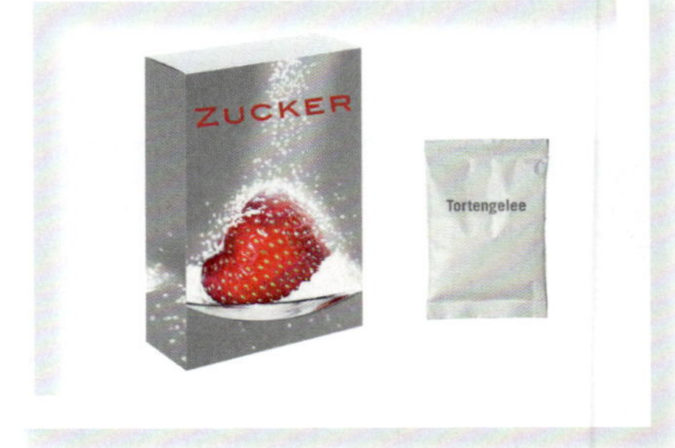

1 P. Tortengelee, Wasser, Zucker

Zubereitung

Tortenform einfetten und bemehlen.

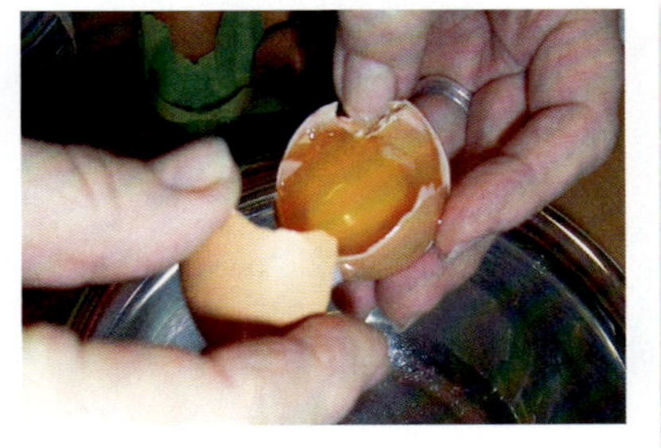

Das Eiweiß vom Eigelb trennen.

Das Eiweiß mit dem Mixer
schlagen, bis der Schnee fest ist.

Zucker, Vanillezucker und Dotter schaumig rühren.

Mehl und Backpulver mischen und zusammen mit dem Öl unterrühren.

Den Eischnee vorsichtig unterheben.

Den Teig in die Form gießen.
Bei 180° C ca. 20 Minuten backen.

Den Kuchen aus der Form nehmen und auskühlen lassen.

Den Kuchen mit Marmelade bestreichen.

Erdbeeren waschen und halbieren.

Den Kuchen mit den Erdbeeren belegen.

Das Tortengelee laut Packungsanleitung zubereiten.

Das Gelee etwas auskühlen lassen, dabei öfters umrühren.

Das Gelee über die Erdbeeren leeren.

Den Kuchen in Stücke schneiden und schmecken lassen.

Becherkuchen

Zutaten

1 Becher Sauerrahm (250 g)

1 Becher Zucker

1 Becher geriebene Nüsse

1 Becher Mehl

3 Eier

1 EL Kakao

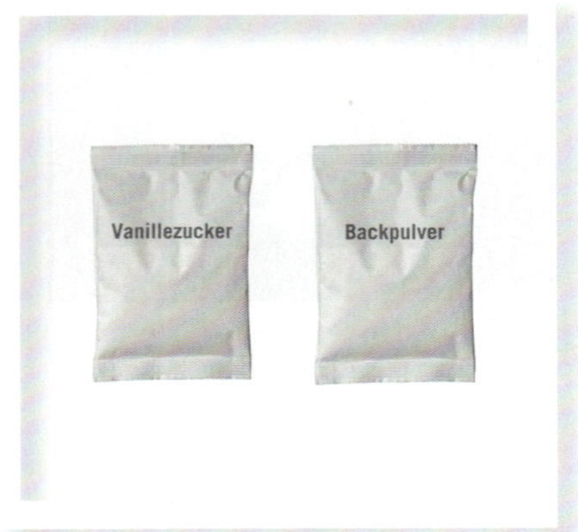

1 P. Vanillezucker
1/2 P. Backpulver

1/2 Becher Öl

Staubzucker zum Bestreuen

Zubereitung

Die Backform mit Butter bestreichen und mit Mehl bestäuben.

Den Sauerrahm in eine Schüssel geben.

Den Becher auswaschen.
Er wird als Maß verwendet.

Die restlichen Zutaten in die Schüssel geben.

Alles gut mit dem Schneebesen verrühren.

Den Teig in die Backform füllen.

Den Kuchen bei 200 °C ca. 45 min backen.

Mit Staubzucker bestreuen.

Portionieren und genießen!

Biskuitroulade

Zutaten

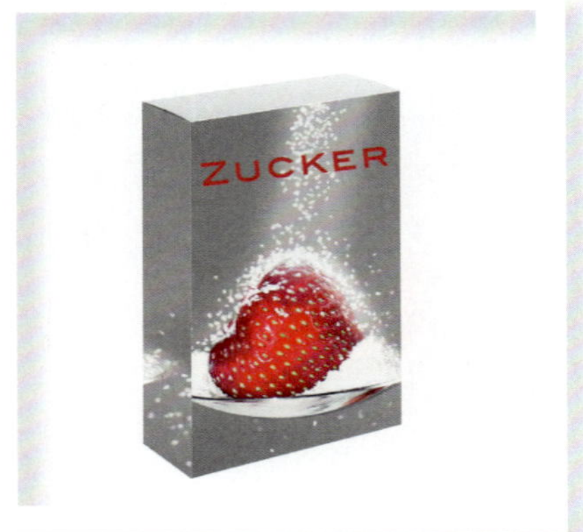

110 g Zucker

5 Eier

100 g glattes Mehl

1 Messerspitze Backpulver

Backpapier für das Backblech

Marmelade zum Füllen

Staubzucker zum Bestreuen

Zubereitung

Zucker und Eier dickschaumig rühren.

Mehl und Backpulver leicht darunterheben.

Die Masse auf dem Backblech verteilen.

Im Rohr bei 190 °C ca. 10 min backen.

Das Biskuit aus dem Rohr nehmen und rasch mit Marmelade bestreichen.

Einrollen.

Mit Staubzucker bestreut anrichten.

Marmorkuchen

Zutaten

Fett und Mehl für die Form

150 g Butter

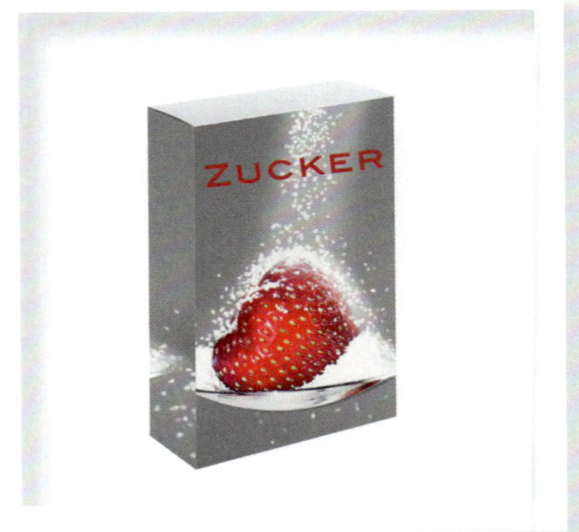

150 g Zucker

4 Eier

400 g Mehl

1 P. Backpulver

2 dl Milch

2 EL Kakao

Staubzucker zum Bestreuen

Zubereitung

Die Backform mit Fett bestreichen und mit Mehl bestäuben.

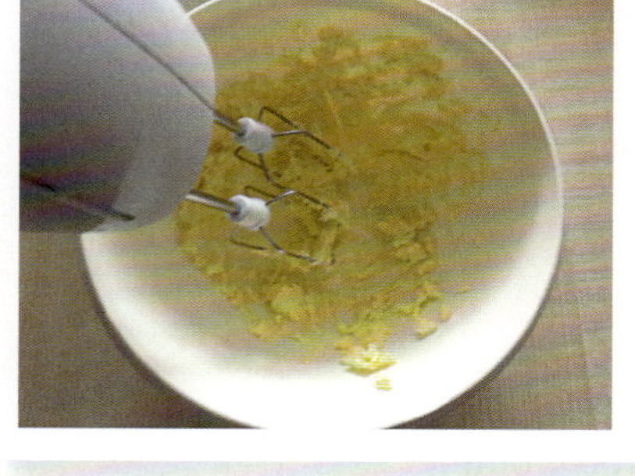

Butter in kleine Stücke teilen, in eine Schüssel geben und flaumig rühren.

Zucker und Eier dazugeben.

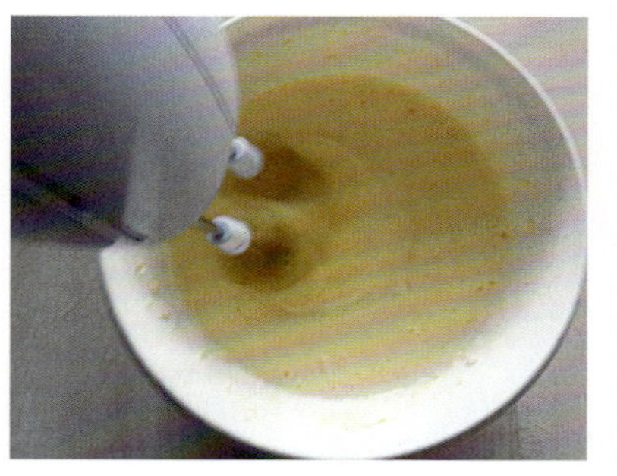

Den Abtrieb flaumig rühren.

Mehl und Backpulver mischen.

Die Mehlmischung und die Milch zum Teig rühren.

Ca. 2/3 des Teiges in die Form füllen.

Den restlichen Teig mit Kakao mischen.

Den dunklen Teig in die Form füllen. Alles leicht vermischen.

Den Kuchen bei 180 °C ca. 50 min backen.

Mit Staubzucker bestreuen.

Portionieren.

Rehrücken

Zutaten

1 Tafel Kochschokolade (250 g)

100 g Butter

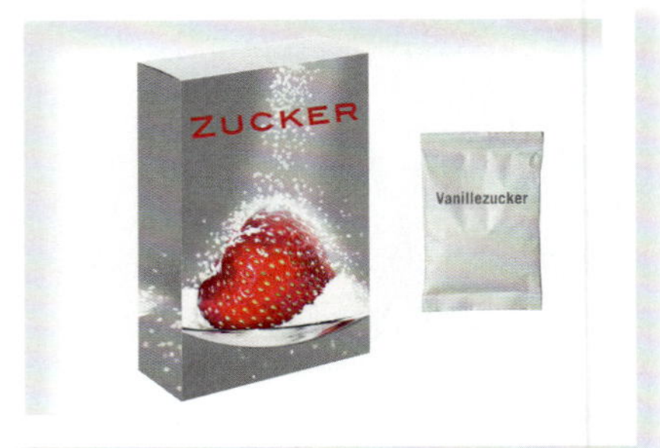

120 g Zucker
1 P. Vanillezucker

4 Eier

120 g Mehl

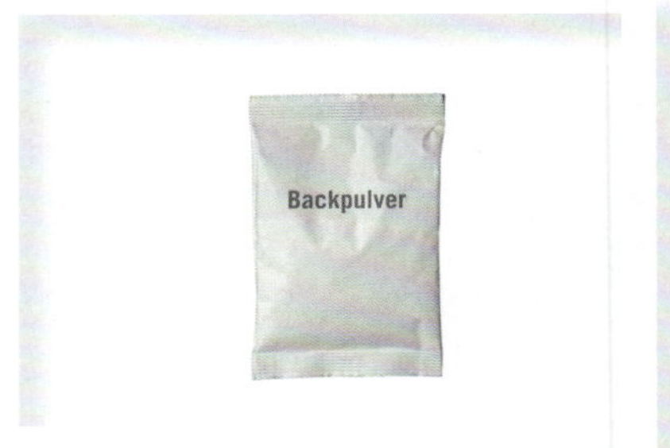

Etwas Backpulver

80 g geriebene Haselnüsse

1/8 l Milch

Fett und Mehl für die Backform

Zutaten für Schokoladenglasur

150 g Kochschokolade

50 g Butter

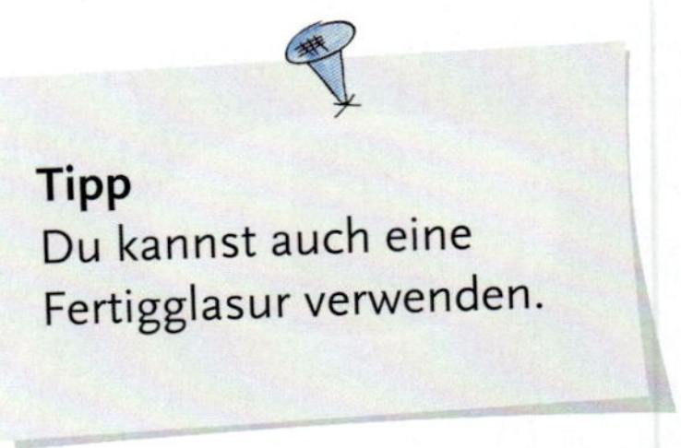

Tipp
Du kannst auch eine Fertigglasur verwenden.

Zubereitung

100 g Schokolade im Wasserbad schmelzen.

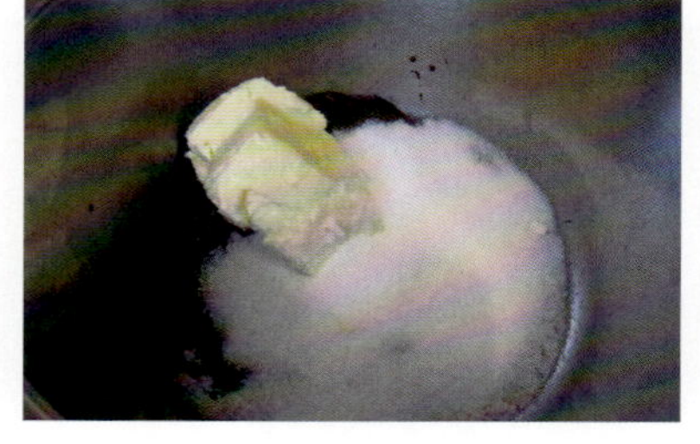

Butter, Zucker und Vanillezucker zur geschmolzenen Schokolade dazugeben.

Eier trennen.

Dotter zu den anderen Zutaten geben.

Das Eiweiß zu Schnee schlagen.

Die Masse schaumig rühren.

Mehl, Backpulver und Nüsse mischen und zusammen mit der Milch zur Zuckermasse geben.

Gut vermengen.

Den Eischnee vorsichtig unterheben.

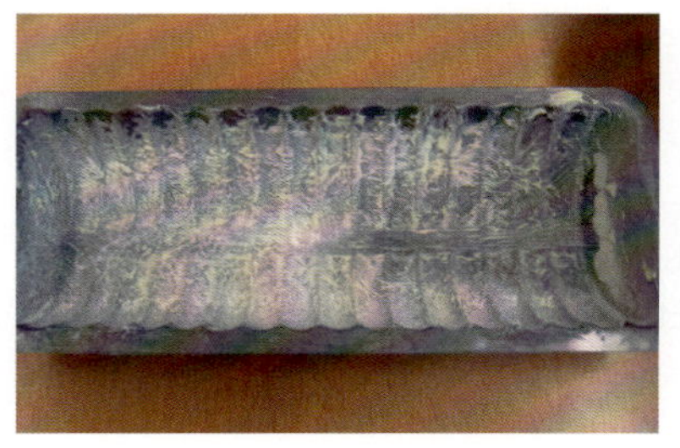

Die Backform einfetten und bemehlen.

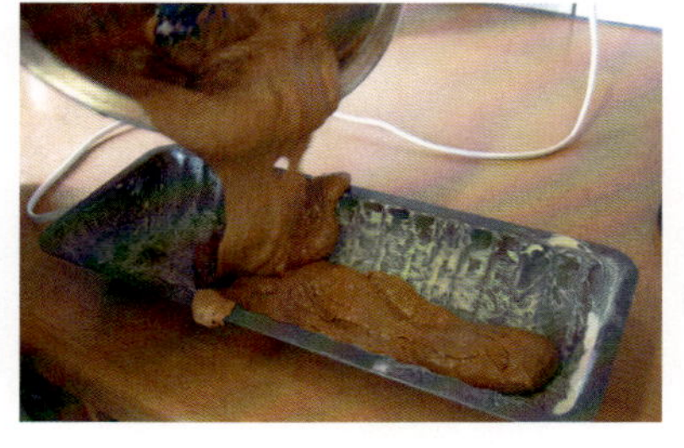

Den Teig in die Form füllen und bei 200 °C ca. 50 min backen.

- Für die **Glasur** Butter und Schokolade im Wasserbad erwärmen und verrühren.
- Die Glasur auf dem ausgekühlten Kuchen verteilen.

Mineralwasserkuchen

Zutaten

2 Tassen Mehl

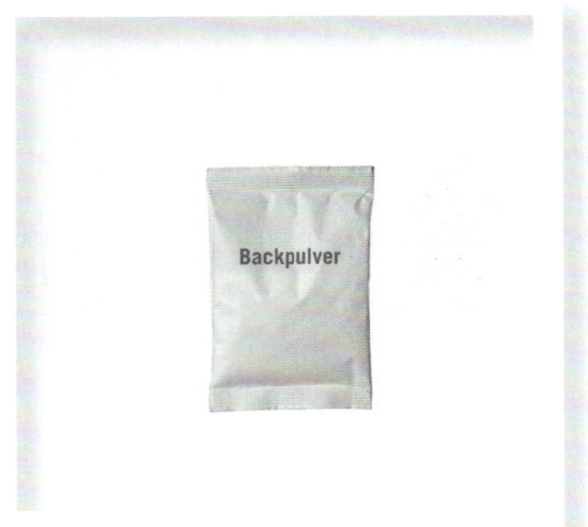

1/2 P. Backpulver

1 Tasse geriebene Haselnüsse

1 1/2 Tassen Zucker
1 P. Vanillezucker

4 Eier

1 Tasse Mineralwasser

1 Tasse Öl

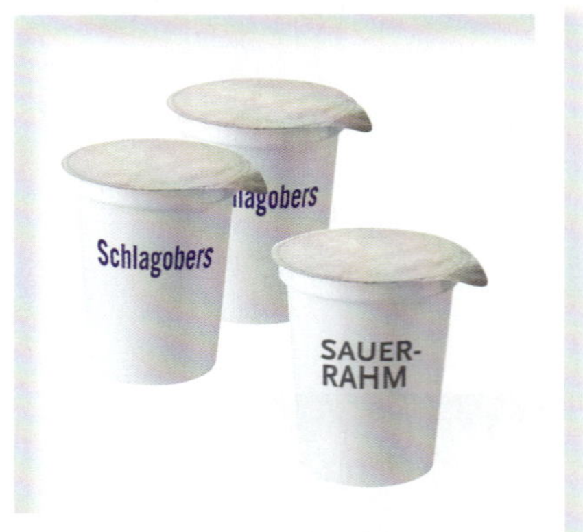

2 Becher Schlagobers (à 250 g)
1 Becher Sauerrahm (250 g)

1 P. Vanillezucker
Etwas Zimt

Zubereitung

Mehl, Backpulver und Nüsse vermischen.

Zucker und Vanillezucker dazugeben.

Eier, Mineralwasser und Öl beifügen.

Mit dem Schneebesen gut verrühren.

Ein Kuchenblech mit Backpapier belegen und den Teig darauf gießen.

Den Teig gleichmäßig verteilen und bei 180 °C ca. 20 min backen.

Das Schlagobers schlagen.

Schlagobers und Sauerrahm vorsichtig mischen.

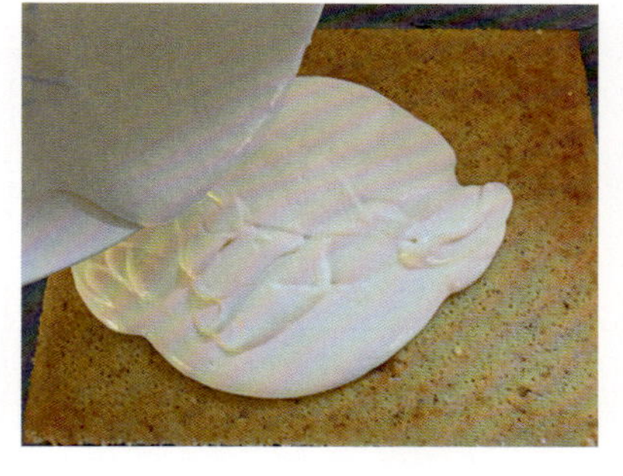

Auf dem Kuchen verteilen.

Vanillezucker und Zimt mischen und damit bestreuen.

- Anrichten und genießen.
- Den Rest vom Kuchen kühl stellen.

Bewertung der Kuchen

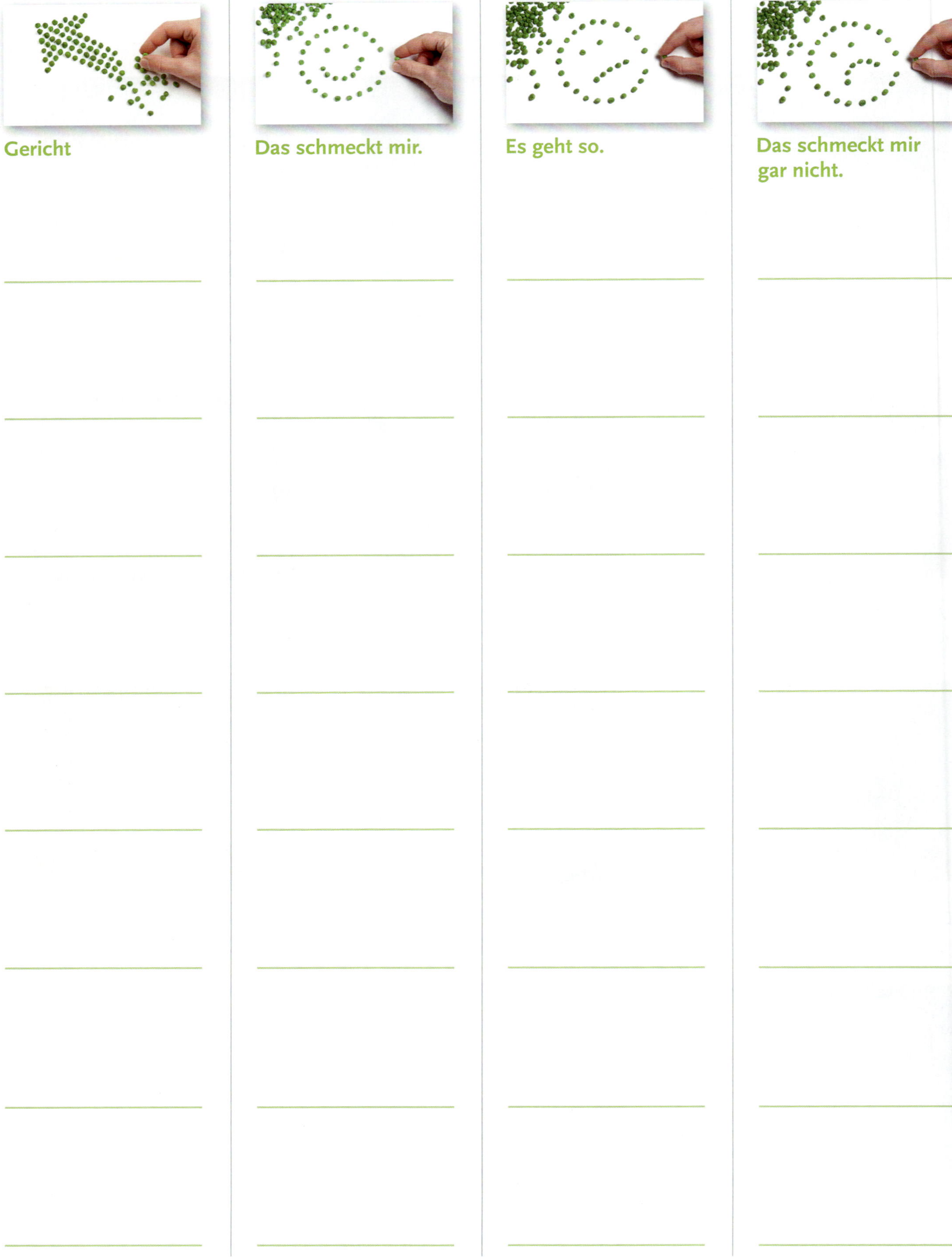

Stichwortverzeichnis

Bildnachweis

S. 9, Ernährungspyramide, Bundesministerium für Gesundheit

Alle weiteren Bilder und Grafiken sind Eigentum der TRAUNER Verlag + Buchservice GmbH bzw. der Autorin oder wurden von Bildagenturen (Adobe Stock, Shutterstock, istockphoto.com) zugekauft.